康徳庚辰

學以致道

張景惠

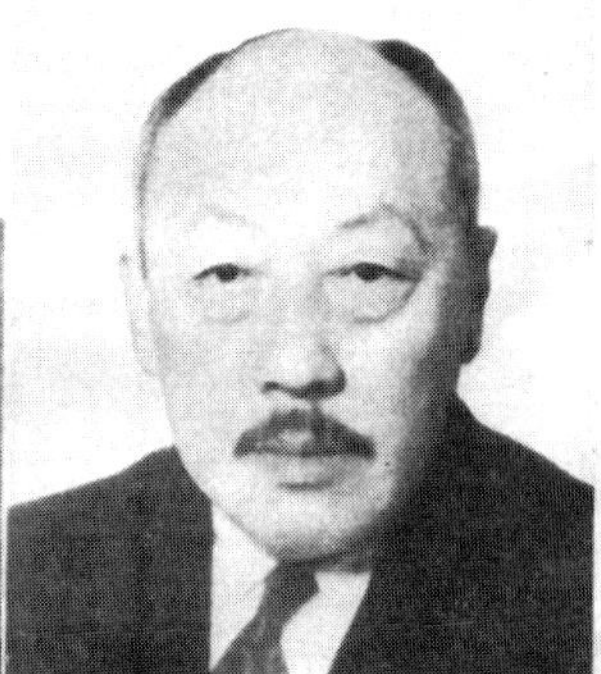

（張總長）

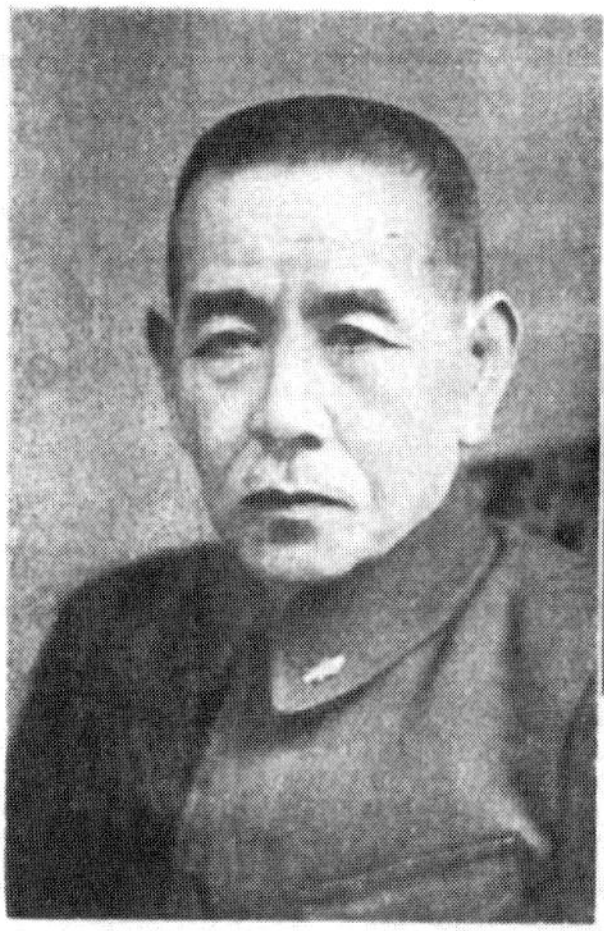

（作田副總長）

『建國』創刊號　建国大学塾雑誌

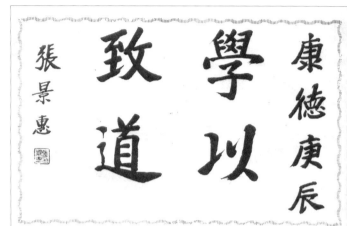

はじめに

新しい国が満蒙《まんもう》といわれた土地に生まれた。この国は一つの国の利権を守るためのものではなかった。その土地に住んで来た人々の協和の上に成り立つことを目論んだ、これまでこの地球上に存在したことのなかった国であった。

日清、日露の戦役から日本がこの土地に地歩を得たが、それは常に各国の干渉に脅かされ、国益をまもるのに苦慮し続けた歴史の中にあった。

満蒙土着の軍閥、共産化したロシアの南下、それに中国に生まれた新しい勢力と軍閥、共産党軍、日本の力ではいかようにも出来ない現実があった。

昭和三年（一九二八年）満洲に赴任した天才的軍事戦略家石原莞爾《かんじ》の目の前に展開していた満洲は混迷の中にあったのであった。

石原は昭和四年（一九二九年）満洲に来た板垣征四郎《せいしろう》と共に、わずか一万余の兵力で近代的に武装された二十余万の張学良《ちょうがくりょう》の軍と対峙《たいじ》して活路を見出す方途を熟慮して、一つの結論に達した。最も有効に二十分の一の兵力で敵に打ち勝って道を開こうとする石原は天才的な戦略家であると同時に戦術家でもあった。

昭和六年（一九三一年）九月十八日、奉天で戦火は開かれた。満洲事変である。

満洲事変について昭和史研究の第一人者慶應義塾大学の中村菊男教授は、自著の『満州事変』の中でこう述べている。

「事変の原因となった諸般の事情をいろいろと考えあわせてみると、結論を出すことは非常にむずかしいが簡単にいえば、満州事変は避けることができなかったといえる。すなわち宿命的なものであったと判断せられる。したがって、あの時点において事変が起こったということは、ある程度の必然性をもっていたといえるが、あのようなかたちで事変が起こったことについては問題が残されると思う。」

（中村菊男『満州事変』昭和四十年、日本教文社）

中村教授の言う「必然性をもっていた」満洲事変を演じたのは、外でもない天才的戦略家石原であった。

満洲事変によって生まれた新しい国・満洲国は、五族協和の王道楽土の建国を目指し、この国はまた新しい人材によって拓かれなければならないと、石原の思いをこめて建国大学が創設された。

理想の国と大学が生まれて直面したのは、二つの戦争であった。支那事変と大東亜戦争。誠に不本意なことであったが、新生国と大学はこの戦争に埋没し滅び去った。

とは言え、この地球上で求め続けても得ることの出来なかった民族協和の国は満洲国において実現し、その理念が建国大学に求められたのは何人も否定出来ない歴史的事実である。

満洲国立建国大学検証の試みが本書である。

著者

令和三年（二〇二一年）四月十日

五族協和の魁《さきがけ》

満洲国立建国大学

目次

五族協和の魁《さきがけ》

満洲国立建国大学

一　満蒙・支那（中国）と石原莞爾

1　南部次郎との出合い

石原は明治二十二年（一八八九年）一月十八日、山形県西田川郡鶴岡町日和町で生まれた。父は庄内藩士で巡査であった。

石原莞爾

明治三十五年（一九〇二年）九月、仙台陸軍地方幼年学校に入校し卒業、明治三十八年（一九〇五年）九月、陸軍中央幼年学校に入校した。

ここで石原は南部藩の分家の南部襄吉と親しくなり、襄吉の父親次郎に会うことになる。

南部次郎は維新政府の中で中国に深く係わり、支那人（中国人）をチャンコロなどと蔑視する世間の風潮に厳しい目を向け、日本と支那（中国）の友好を説き、腐敗堕落した清朝に代る新政権をつくり、わが国と共に、露の覇道でなく、東洋の王道に基づく国づくりと国際秩序をつくるべきであると説えた。

石原は当時十六歳、七十二歳の南部の論にすっかり傾倒し、これが石原の支那（中国）観の礎となるのであった。

2　辛亥革命万歳

明治四十二年（一九〇九年）十二月、士官学校卒業、陸軍歩兵少尉となって第六十五連隊付となり、翌明治四十三年（一九一〇年）四月韓国守備のため韓国に向かい春川（京城北）に着いた。この年の八月に韓国併合が行われ、韓国内の治安は乱れた。

次の年の明治四十四年（一九一一年）十月十日、清国で孫文による辛亥革命が起った。

清国の革命を伝え聞いた石原は部下の兵を引き連れて裏山に登って、兵たちに革命の意義を語り、遙か西方に向かって「辛亥革命」万歳を叫んだのであった。

南部次郎の「新生中国」が石原の頭にあったのだろう。

3　陸軍大学校で稲葉君山の教えを受ける

大正四年（一九一五年）十一月、石原は陸軍大学校に入学し、京都大学で内藤湖南《こなん》に教をうけた稲葉君山に朝鮮並びに満蒙と支那（中国）について卓越した論を聴かされ感銘をうけた。しかし満蒙・支那（中国）のあるべき姿は、そこからは湧いて来なかった。

4　板垣征四郎と漢口で

大正九年（一九二〇年）四月九日の定期異動で、石原は漢口の中支那派遣隊司令部付に転出した。そこでこの四月に少佐に昇進した板垣征四郎と会うことになる。

板垣は盛岡藩の士族で、明治十八年（一八八五年）一月二十一日、岩手県岩手町沼宮内《ぬまくない》に生れた。士官学校は十六期生で石原の五期先輩、同郷ということもあってか、二人は情報将校として業務を同じくし気持も通じ合って、あの満洲事変の見事な連携プレーの基がこの時、生れたのであろう。

板垣はのちに支那公使館付武官補佐官として本庄繁の下で働くことになる。石原、板垣、本庄の関係が大正年間に生れたのであった。

5　石原莞爾、満洲へ

満洲に入る前に石原は、大正十一年（一九二二年）七月十五日付でドイツ出張を命じられたが、すでに三月にドイツに行っていた。（佐治芳彦『石原莞爾』二〇〇一年、経済界）同年九月一日にはドイツ駐在員を命じられ、これより二年間留学生として過し、ナポレオンをはじめ第一次世界大戦の研究に精力的に取り組んだ。有名な世界最終戦争の想いがはぐくまれたのであった。

昭和に入って石原は、昭和三年（一九二八年）十月十日付で関東軍司令部の参謀に任ぜられ、同月二十日に大連に入った。

満洲に足を踏み入れた石原の眼に映ったのは、張作霖《ちょうさくりん》爆死後、数ヶ月しか経っていない満洲は混乱し、日本人の間には満蒙占有論が幅を利かし混沌として満洲のあり様は闇の中であった。

ここで石原の頭に浮んだのは、この混迷の満蒙問題の解決策を陸大で学んだ時、内藤湖南の京大教授時代の教え子であった稲葉君山にシナ学を学び、内藤湖南の名を聞いていたので稲葉君山の紹介で内藤湖南に教えを得ようとした。

石原の日記、昭和四年（一九二九年）一月二十日に「夜、君山先生ニ書キ内藤博士ヘノ紹介ヲ依頼ス」とある。

この時の質問要領を、同じ一月十五日に次のように記している。

一、我武力ニヨリ外敵ノ来襲ヲ支ヘ且支那ノ治安ヲ維持シ得ルモノトセハ支那ヲ占領シテ長年月ノ持久戦ハ可能ナリヤ

二、支那ハ如何ナル方向ニ進ムヘキモノナリヤ　我統治ノ根本方針、切開スヘキ支那の病源

（角田順編『石原莞爾資料・増補版』一九九四年、原書房）

石原は二月九日、陸軍参謀本部の参謀旅行に出るためバイカル号に乗り、二月十二日午前八時神戸港に上陸、ただちに京都府瓶原《みかのはら》村に内藤湖南を訪ねた。

この二月十二日の日記に次のように書いている。

〝午前八時上陸
瓶原村に内藤博士訪問、御病気中特ニ長時間御話アリ、但シ主目的ハ十分達スル能ハザリキ〟

（角田順編前書）

石原は満足出来る湖南の話を聞けなかったと言っているが、この時の石原と湖南について、湖南の京大時代の教え子宮崎市定《いちさだ》は、「内藤史学の真価」（『内藤湖南全集 第八巻』月報3付録、昭和四十四年八月、筑摩書房）の中で次のように述べている。

〝満洲事変の起る前、関東軍参謀の石原莞爾中佐が先生を訪れたことがあった。先生は私らに「若い将校の中には、まだ本気に国事を心配するものがいた。先生どうか本当のことを聞かして下さい、と言うから、本当のことを聞きたいのは此方だと答えた。」と頼母しげに話された。後に私が三高にいた時、配属将校で石原と同期の小玉中佐と一しょに生徒をつれて満洲に見学に行き、彼に案内してもらったことがある。意気軒昂、眼中人なき彼であったが、私が内藤先生の弟子と聞いてにわかに容を改めたことがあった。〟

6　満洲事変前

石原は内藤湖南から適確な満蒙についてのあり方を示されず、企画した参謀旅行も認められずにいたところ、昭和四年（一九二九年）三月に津の歩兵第三十三連隊長として満洲に駐屯した板垣征四郎大佐は五月に河本大作《こうもとだいさく》に代り関東軍高級参謀となった。板垣、石原の名コンビの誕生である。

七月には畑英太郎《はたえいたろう》が軍司令官となり、石原・板垣企画の参謀演習旅行が認められ、十二日間、ハルビン、チチハル、ハイラル、満洲里への視察研究が実行された。石原は演習の中で、日本とアメリカが世界最終戦争を行うとし、そのために満蒙は重要であると論じ、その満蒙問題解決の鍵は帝国軍が握るとして、満蒙占有に及んだ。

これからしばしば研修旅行が実施され、満洲事変への素地が次第に固められていった。

そして石原の満蒙観に影響を与えたと思われる一つの集りが、昭和六年（一九三一年）の石原日記にみられる。

〝石原日記・八月二十三日（日）
田中新一氏来リ
午後二時ヨリ青年聯盟トノ坐談会　将校集会場〟（角田順編『石原莞爾資料・増補版』）

満洲青年連盟は一九二八年（昭和三年）一月に結成され、翌一九二九年（昭和四年）一月九日に結社届が大連警察署に出されて正式に発足した。

連盟の主張は「民族協和、満蒙の独立、日本在満機関の一元化」などで、日本にも演説隊を送り宣伝に力を入れていた。

しかし、これまで関東軍との接点はなくこの八月二十三日の会議まで、お互い親しく会ったこともなく石原も連盟幹部にはただの一人の参謀に過ぎなかった。

この日の関東軍からの会見申し入れは、連盟ではこれまで関東軍と連絡をとるどころか、その生ぬるい行動を非難していた矢先だったので、喧嘩の果し状と受けとめられていた。

この会合について、山口重次は著書『悲劇の将軍　石原莞爾』（昭和二十七年十月、世界社）にくわしいので、次にそれを要約しよう。

〝「どうも、相手がわるい
な」と、疑心暗鬼で理事長金井章次（満鉄衛生課長・博士）、小山貞知、是安正利、岡田猛馬、それに私の五人で偕行社《かいこう》に出かけると、待っていたのは日本料理、お酒付き、灘の生一本。関東軍は三宅光治参謀長以下全幕僚総出席ということで連盟側を驚かせた。

宴会ののち会議室に移り、三宅参謀長から「連盟の趣旨をお伺いしたい」との発言があり、金井理事長が説明、遊説班の岡田が熱弁をふるって満洲の現状を訴え、若い参謀が耳を傾けている時、

「あゝゝあ、あゝゝゝあ」

と無遠慮に生あくびをした参謀がいた、石原である。この時は石原は知られていなかった。

岡田の話が終ると、

「結局、青年連盟も権益主義者か」

そっぽを向いて、ひとりごちて連盟の幹部に冷い視線をなげかけた。

むっとした金井が説明しようとすると、

「あなたの言うのもつまるところ権益主義でしょう。一寸理屈が立てこんでいるだけということで」

そして言葉をついで「日本人が日本の権力を笠にきて、中国人を侮り、金儲けしようと

するから排斥をうけるので、排日運動の責任の一半は日本人自身にある」

私は石原に反論した。

「参謀殿、それはとんでもない誤解で、われわれは権益主義どころかくだらぬ権益の放棄論者です。治外法権も旅順大連租借権も放棄して、日満共同の独立国をたて、中華民国の完全な独立に寄与し、民族の協和と独立国の建設を主張するものです。日本政府の帝国主義と満洲軍閥の腰ぬけ主義がなければ、ひとり満蒙のみでなく、日華提携もすんなり運ぶのだが……」

「なるほど」

石原は神妙にうなずいた。

「私がこういうとそりゃ夢物語で亡国論だ。チャンチャンに正義などない。解決は断の一字、武力で叩きつける。十中の九分九厘までそうですが。貴官は」

「その答はあと廻しとして、あなた方の解決策は？」

「そんなものない」

「というと」

「日本は、政府も国民も、満洲における権益を主張している。相手の学良政権は、中国国民党と提携して、失地回復をしようとしている。～中略～こりゃ水と油だ。解決策をみつけようとしたって、できない相談だ。……此方からつよく出ても、相手がはねかえせば、ぐにゃりとなるし、相手の腰がくだけると見ると、いたけ高にのしかゝる。それじゃ、正義も仁徳も王道も、何もあったものじゃない。学良から嘲弄されるのも当り前でさ」

石原は「至極、ご同感です」と言い、

「おたずねするが、あなた方の唱導する民族協和はどう解釈していいのか」と反問した。

「民族協和は民族闘争の反語です。われわれ東洋民族は、民族偏見や民族差別を超越して東洋道義に帰一し、新しい国家をつくろうとするのです」

「それは素晴らしい。しかし今日の満洲でそれが出来ますか」

「出来ます」

断呼たる決意を示し、

「元来、万邦協和は、旧支那の思想であります。この世界性を帯びた寛容博大の思想は、現在の満洲にも現存しております。～中略～吾々が一たび立てば、在満三千人の日本青年は、必ずわれわれと行動を共にします」

「よろしい。あなた方の信念は分った」

「あなた方は、関東軍は微力だといわれた。腰の刀は竹光かと、嘲けられた……」

やっぱり耳に入っていたのかと、顔を合せると、

「その通りだ。だが微力でも竹光でも、張学良軍閥打倒のごときは、それで十分だ。明晃たる三尺の秋水を用いる必要はない。私は作戦主任参謀としてあなた方に向って、これだけのことは言える。いざ事あれば、奉天撃滅は、二日とはかゝらん。事は電撃一瞬のうちに決する。これが、さきほどの問に対する答えです」

「われわれは正直一路です。参謀殿の言をそのまゝ受入れますが、ようございますか」

参謀は、にやりとして、

「私の舌は二枚ない」

石原はにやりと笑った。この時の彼の頭の中には、一ヶ月後にせまった事変のくわしい見取図がすっかり出来上っていたのである。〟

石原の満蒙領有へのほのかな思いは、民族協和の独立国家へ大きく道をあけるのであった。

二　満洲事変

1　軍司令官本庄繁

「奉天占領に三日とはかからない」の石原の言葉の通り、二十数倍の張学良軍は関東軍の前から姿を消すことになった。これは石原と板垣の見事な作戦の結果と言えるが、忘れてならないのは軍司令官中将本庄繁の存在である。この人なくしては満洲国は生れなかったであろう。

本庄繁は兵庫県丹波《たんば》篠山《ささやま》の丹南《たんなん》町で明治九年（一八七六年）五月十日、農家の長男として生れた。幼年学校を経て軍人となり、陸軍大学在学中に日露戦争に参戦し負傷、日露戦争後、参謀本部支那班つとめとなる。

明治四十一年（一九〇八年）北京公使館付武官補佐官となり北京に、さらに上海、南京へ。

明治四十三年（一九一〇年）十一月一日、二日の北輝次郎《てるじろう》（一輝）の内田良平宛の手紙に、しばしば本荘氏（この時代は本荘姓）との会談を親しみをこめて書いている。

本庄は明治四十一年（一九〇八年）から、大正二年（一九一三年）一月まで四年余り北京公使館付をつとめた。大正八年（一九一九年）四月一日、参謀本部課長から広島の歩兵連隊長、シベリア出兵を経て、大正九年（一九二〇年）秋に、満洲軍閥の張作霖の軍事顧問の話がもち上がり、結局本庄は大正十年（一九二一年）五月から大正十三年（一九二四年）八月まで三年余り、軍事顧問として奉天で過すことになった。

この三年間で本庄は奉天で、現地人との間に見事な人間関係をつくりあげた。これが満洲国の建国に役立ったのであった。

大佐から少将になって、弘前第八師団の歩兵第四旅団長となった。

本庄は弘前の生活八ヶ月で、再び大正十四年（一九二五年）五月一日付で歩兵第四旅団長から北京の支那在勤帝国公使館付武官となった。彼の補佐官は板垣征四郎中佐であり、大正十五年（一九二六年）八月転任まで本庄に仕え本庄の信任を得た。この二人の関係も満洲で花開くことになるのである。

本庄は北京在任の昭和二年（一九二七年）三月五日に少将から中将に昇進し、北京にいた張作霖と親しく付き合っていた。

昭和三年（一九二八年）二月二十九日、本庄は姫路第十師団長となり日本に帰って来た。そして昭和六年（一九三一年）八月一日付で関東軍司令官発令、同年八月二十日、本庄は大連に着任した。

本庄繁軍司令官を待っていたのは参謀長三宅光治《みつはる》少将、高級参謀板垣征四郎大佐、作戦主任参謀石原莞爾中佐などで、板垣、石原の満蒙攻略方向は決定ずみであとは実行に移すのみとなっていた。

本庄は万宝山《まんぽうざん》事件、中村大尉事件など相次ぐ混迷の満洲について、板垣、石原など軍幹部から現状説明を受け、九月に入ると各地の部隊を巡視し、特に長春、奉天では部隊の出動演習を行い、市街戦や城壁攻撃まで実施した。

満洲の現状を見て本庄は九月一日、十三日と部隊に訓示を行ったが十八日には、

〝～前略～　万一事件ノ発生ニ際シテハ宜シク各部隊ハ進ンデ積極的行動ヲ採リ、断ジテ不覚ヲ取ラザルノ覚悟ト準備ニ於テ些ノ違算ナキヲ期スベシ〟

（林政春『満州事変の関東軍司令官本庄繁』昭和五十二年、大湊書房）

と発言している。

この訓示の夜、満洲事変は起きた。

本庄は旅順で報告をうけたが、攻撃命令はにわかには出さなかった。石原の切なる進言で、沈思、黙慮約五分。

「よろしい、本職の責任においてやろう」と決断、こうして戦闘は開始された。

奉天は石原の言の通り二日とかからず、南満洲全土で張学良軍は敗退し、本庄、石原、板垣は各地の有力者の帰順に力を尽くした。

2　満洲国の誕生

本庄は張作霖の軍事顧問の時代に親しかった満洲文治派の三巨頭の一人、于冲漢《うちゆうかん》を引き出そうと事変直後に連絡をとったが、自分は病弱なので息子を使ってもらいたいと言って来た。

張学良の軍が逃げ出した奉天では、文治派三巨頭の一人、袁金凱《えんきんがい》を長とする奉天地方自治維持会（のちに遼寧省地方維持委員会と名称を変える）がつくられ、蔣介石、張学良より離れて独立宣言を発表した。これにならって熙治《きは》が吉林省で、張景恵《ちようけいけい》もハルビンで、洮遼鎮守使の張海鵬《ちょうかいほう》が独立を宣言した。

本庄は于冲漢に重ねて出馬を要請、昭和六年（一九三一年）十一月十日、于冲漢を長とする自治指導部が発足した。

年が明けて二月になって、満洲の有力者、張景恵、臧式毅《ぞうしきき》、煕洽、馬占山《ばせんざん》（のち離反）、湯玉麟《とうぎょくりん》、斉王、凌陞《りょうしょう》などが東北行政委員会をつくり、独立建国宣言を発表した。

・新国の名称は満洲国
・元首は執政
・年号は大同
・国旗は新五色旗
・首都を長春とする

などが決められ、政治体制は論議ののちに民立共和制となった。

本庄は日本人官吏の数は少なければ少ないほどいい、新政府の役所はシナ人（中国人）にやらせて、日本は有能な人より、有徳の人を一人ずついれるのがいいと考えていた。

石原は議会のない民主制なので民の声を政治に反映させる組織、協和会（石原は党を考えたが賛成を得られなかった）をつくりあげようとした。この協和会も石原の思いとは大きく異ることとなるのである。

本庄は「昭和二十年〈一九四五年〉十月上旬誌」とした「満洲建国と其後」の中で次のように結論づけている。（『本庄日記』二〇〇五年、原書房）

〝～略～　併し其の後今日に至る迄の満洲国の様相は、日系官吏の比率膨張、これに伴ふ満系官吏との偕調の渋滞、我が方の対満施策の幾変転其の他により、余の希望や期待と、而していふ迄もなく帝国本然の対満乃至対華政策の真意と甚だしい懸隔のあるものとなったことは、真に遺憾千万である。〟

昭和七年（一九三二年）八月八日、関東軍の大幅な人事異動で、本庄が軍事参謀官、石原が大佐に昇進し陸軍省兵器本部付、片倉が久留米第十二師団参謀に転出するなど満洲組と言われた人々が満洲を去り、わずかに板垣が少将に進級して満洲に残るだけとなった。

三　石原莞爾のアジア大学構想の展開

1　辻政信、東京へ

昭和十一年（一九三六年）四月、辻政信《まさのぶ》大尉は関東軍参謀部付（第三課）として満洲の土地を踏んだ。辻はそこで満洲事変と満洲の現状を目にして、可能な限り残された資料を手にとって満洲国を研究したが、おぼろげに満洲国が見えて来るが疑問が残るので周辺の者にたずねても適確な答が返って来ない。

そこでこの年の五月、陸軍省の各方面との連絡に上京した時、満洲をつくった人間として評判の高かった石原が参謀本部作戦課長として参謀本部にいることを知って、石原に会いにいった。

その日、偕行社で半日、夜は自宅で満洲について、「噛んで含めるように諭された」（辻政

辻 政信色紙「至誠　天に通ず」
（林信太郎〈3期〉贈）

信『亜細亜の共感』昭和二十五年、亜東書房）と次のように記している。

一、満洲国を作ろうとした動機

日華両大民族は旧怨を洗って提携し、西洋の侵略に備えねばならぬ。～中略～満洲国は日本を父とし、中国を母として生れた子供であり、その子供がすくすくと伸びる事は父と母の融和の基となるであろう。見本は一つで沢山である。長城線以南には指一本触れてはならぬ。新興中国が自分の努力によってこの日本に優るとも劣らぬ国家を建設すべきである。この意味に於て満洲国は断じて日本の傀儡《カイライ》国でなく日満同志の結合的国家であり、満人同志の願望が豊かに盛られねばならない。

二、日本人は特権を放棄すべきである。

～略～日系官吏が軍を背景として威張ったり、日系が満系より俸給が高い等の不合理は、大英断を以て即時に改むべきであり、それでやってゆけない日本人は内地へ引き揚げればよい。治外法権や附属地行政権を満洲国に返す事は、全満の民心を把握することになる。

三、協和会は政府の母体である。

固より政府の従属機関ではなく、また対立機関でもない。真に民族協和を念願する日満の同志が、その心、その力を結集する為に作ったものである。従って、満洲国策の根本方針は、この協和会中央委員会で同志的討議を以て決定し、それに基づいて行政面は政府より、経済面は民間人及び政府より担当すべく、又民意の上達、協和会の機構（全国聯合協議会）を通じてなさるべきものである。～略～　不動の組織を確立すべく、その完成後に於ては、現在関東軍司令官の有する軍事以外の権限は挙げて協和会に一任すべきものである。

四、満洲国軍は独力を以て、国内の治安を完全に維持出来ることを目標として整備し、次ぎに日本軍と伍して、外敵にも当り得るよう拡充すべきである。～略～

辻は石原の話を聴いて、「先覚の道師によって物の見方が、中国、満洲、東亜に対する考え方が、権益思想から道義思想へと、百八十度の大転換をするに至った。見識の相違はこんなにも恐ろしい力を持っているものであろうか。満洲を取ろうと考えたことは、治外法権を固持すると同様の低見に過ぎなかった。石原将軍に遭わなかったら、恐らく終生、強権的、侵略的思想の俘囚となり果てたであろう。」

この日、辻が石原の思いを知って、やがて石原のアジア大学の理念に基づく、建国大学の創設に走らせるのである。

2　浅原健三、石原の使命で板垣の元へ

石原は参謀本部に入った昭和十年（一九三五年）秋に、松岡満鉄総裁に東京に満鉄に所属する「日満財政経済研究会」を設立させて、日本と満洲の財政経済政策を研究させた。この研究の過程で石原は、八幡製鉄所の労働争議で有名な「鎔鉱炉の火は消えたり」の名セリフの浅原健三《けんぞう》を自身のブレーンの一人に加えた。

石原は日本と満洲の財政、経済、産業の再編と共に、満洲事変当初から本庄に新しい大学の開学を語っていた。

石原は常々、この新しい国には「軍人や官僚のお古はいらない」と広言していた。

そこで昭和十一年（一九三六年）秋に、石原は浅原に、自身のアジア大学構想を持たせて

盟友板垣に向かわせた。

その石原案は次の通りだった。

一、民族協和のもと新しい大学で指導者を育成する。大同学院は官吏養成機関となりつつあり、研究はここではおぼつかない。

二、日本の大学のあり方を抜本的に改め、新しい教育のあり方を創造する。学閥や帝大優位のあり方を再検討する。

三、この大学では新しい実践的な教員による知行合一の教育を創造する。共学、共塾、共同労働で全塾制を実施する。

四、学問上でも、実際的にもマルキシズムや帝国主義を克服し、新しい理念を創造すると共に、内外から相応しい人材を広く招聘する。

五、学生は日本、支那（中国）印度、そしてアジア諸国から受け入れる。

板垣は浅原から石原のアジア大学設立案を受け取ると辻を呼んで、それを整理し立案することを命じた。

辻は石原から満洲建国の理念をくわしく聴いていたので、アジア大学構想に感激しその立案に取り組んだ。辻はアジア大学創設案をつくりあげ、関東軍内での決裁を得て、満洲国側の総務庁でも説明した。総務庁の五代目長官は星野直樹であった。

3　辻、東京へ

辻は満洲での措置を終え、昭和十二年（一九三七年）二月十七日東京に向かい、陸軍省軍務局満洲班の片倉衷《ただし》少佐に石原によるアジア大学構想を提示した。片倉はこれに賛成し、三品隆以《みしなたかゆき》大尉に大学創設の事務所の設立を命じ、三品、松平紹光予備役大尉、多田督知《とくち》大尉などを幹事とすることにした。

この日、辻は三品、多田、それに岡田芳政の四人でアジア大学について大いに論じ合った。四人は陸士第三十六期の同期であった。

この四人の集りのあと、多田の家で国民精神文化研究所員の筒井清彦を入れて多田、三品の三人で創設の相談役に筒井の提案で、経済学の面で「道」を考えている作田荘一《しょういち》、東洋倫理をきわめる西晋一郎《しんいちろう》、皇国史観の平泉澄《きよし》の三博士を推すことにした。

この三人の話を耳にした辻は、その日に平泉博士の宅をたずね、板垣が博士を大学の総長にお願いしたいと思っていると申し上げたが、これははっきり断わられた。そこで辻は平泉博士に大学創設の相談にのって下さいと依頼したのであった。

平泉博士は以後大学創設に深くかかわることになるが、その経過を博士はこう述べている。

〝大学総長問題で空転しているので、もう相談をやめようとしたら、「やめられては困る。ぜひ相談に乗って欲しい」との事で創立委員の提案をしたわけです。「大学創設には創立委員を作る必要がある。事の決定はこの創立委員会でする」ことを力説し、軍側は創立委員を、関東軍参謀長、大学総長予定者（当時、軍から総長を出す予定であった）軍務局長の三人とし、学者側で何人か推薦してくれということで、筧博士、作田博士、西博士を推薦した次第です。〟

（湯治万蔵編『建国大学年表』。以下『年表』とする）

結局、学者側は作田博士に平泉博士が出ないのなら私の方も辞めると言われ、平泉博士も創立委員となった。

片倉はこの年、昭和十二年（一九三七年）三月、関東軍参謀となり大学の創設に深くかかわることになった。

またこの三月には、板垣が第五師団長に転任し、参謀長に東條英機がついた。石原は東京に来てからよく満洲国大使館内に設けられた協和会事務所に立ち寄った。この年、昭和十二年（一九三七年）三月二十六日、三品、岡田、多田、それに初代の協和会東京事務所長松平紹光の四人に石原は、自身のアジア大学構想を説明した。三品の説明によると（三品隆以『我観　石原莞爾』昭和五十九年、三品隆以著作刊行会）以下の通りである。


〝石原はこう切り出した。

辻君はどうしても早急に、遅くとも来年中に開きたいと言っているが、無理には反対しなかったが早すぎると思う。五年の準備期間は必要だ。

この大学は協和会が直接経営と指導に当るべきと信じている。今の協和会にはその準備も力もない。

また、この大学はこれまでの日本の大学教授、及びその教育、研究の方法は完全に排除して、満洲国独自の創造的な方式を創り出さねばならない。

従ってこの大学に既成の先生はあり得ない。実践的な先進分子が学生と共に学び、共に研究し、共に実践を重ねて建国の指導原理を創り出していくのであって、その結果天才的

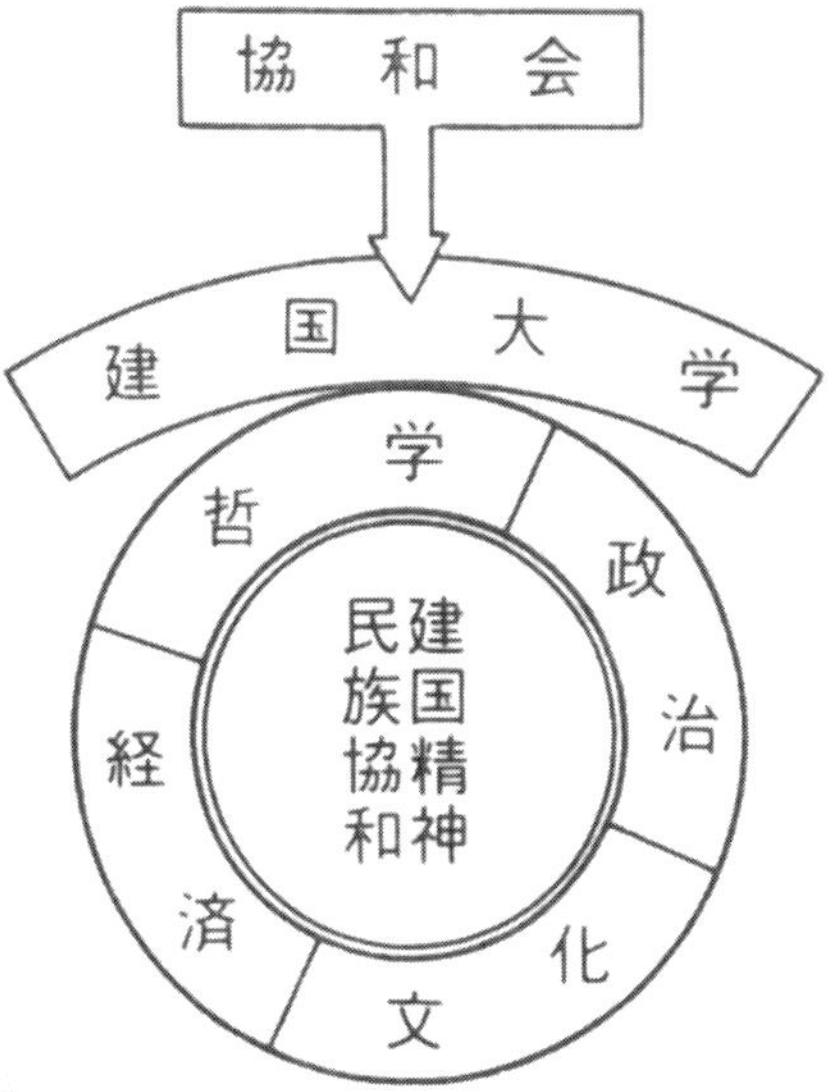

石原の示した図
（三品隆以『我観　石原莞爾』より）

な学者、指導者がおのずから生れて来るであろう。これまでの学閥意識、官学的権威主義、大学至上主義等、一切の偏見と弊風を打破する実践的経験を第一とし、これを基礎とし、出発点とする。研究と実践とを融合統一し、それを一元的に理論づける。

大学ではマルキシズム、帝国主義を共に克服しなくてはならない。その為に世界の天才的学者、革命的指導者、例えばトロツキー、ガンジー、胡適、周作人のような人々を招聘すべきである。

大学の創学の根本目的は、民族協和の実現である。すべての民族は平等であり、共学共塾、共同勤労、共同研究、終生を誓って共学の同志である。

そして共塾共学は一緒に飯を食い、一緒に勉強し、一緒にケンカをする。日本語でも、朝鮮語でも、蒙古語でも各民族語でケンカをし、その中でやっていかなきゃ絶対にダメだと強調した。

将来は協和会が経営指導に当り、学生は満洲在住の民族を主としながらも、日本、支那(中国)、印度、その他アジア諸国より留学生を受け入れる。〃

この石原の構想を聴いて四人は、何か素晴らしい光を身体いっぱいに吸いこんだような歓びに夢心地で、大使館内の事務所に帰り、深更まで語り合ったという。

東京での創立委員は于余曲折を重ねながら東京帝国大学教授筧克彦《かけいかつひこ》、東京帝国大学教授平泉澄、京都帝国大学教授作田荘一、広島文理科大学教授西晋一郎の四博士となりこの年の四月二十日(『年表』)には最初の創立委員会が開かれたとされる。なお正式に建国大学創設準備委員、及び幹事の任命、委嘱が行なわれたのは五月上旬であった。(『年表』)

4 大学用地決まる

辻は建国大学創立が認められたので、総務庁に星野庁長をたずね用地の提供を求めた。伝わっている話によると辻は星野の前で、広げられた新京（長春）の地図の上に、ゲンコツで「ここだ」と押さえた。そこが歓喜嶺の六十五万坪、緯度原点がその中にあった。

五月二日、地鎮祭（『年表』）鍬《くわ》入式の日、辻は回想して言う。

〝張景恵総長に、「測量の原点は、やがて人物養成の原点になりましょう」と話しかけたの対し、彼はニッコリ笑いながら、「歓喜嶺は、世界の人々を歓ばせるようになりましょう。そうなることを祈ります。」と答えられた。〟（『年表』）

なおこの地鎮祭で鍬入れを行ったのは、退役陸軍中将牛島貞夫であったが、一旦総長就任が決定されながら反対にあって、就任は消えたということもあった。

四　四博士による新大学の教学

1　石原アジア大学構想をふまえて

四博士は三月初旬から活動に入ったが、その一端を筒井清彦幹事はこう述懐している。

〝松平（紹光）さんを所長として創立東京事務所が開かれてから、この事務所でわが学会の大家が書生時代に帰られたかのような激論、討論を展開され、その真剣勝負のようなすさまじさは、一世一代の見ものでした。〟（『年表』）

石中廣次（東大卒。辻の推薦で建大へ。塾頭、教授）の「創立準備時代を憶う」（『年表』）に見てみよう。

〝彼の大使館（註　満洲大使館）に隣接した三階建ての（建国大学創立）東京事務所で軍の公務を了えて漸く夕刻に集る三大尉（陸軍省──三品大尉、参謀本部──多田、岡田両大尉）所長の松平氏、それに時には空路上京の辻大尉を交えての熱議は、恰《あたか》も皇国の興廃を決める大参謀会議の如く、熱烈で真剣で而して夜の更くるのも忘れられた。時には、如何なる事かと鉄拳の予想にはらはらする程の議論で、而も議済むや清風一過先刻までの激論はどこを吹いたと言わんばかりに涼しい顔で本来の戦友に返っての歓談爆笑、大丈夫の交りは正に斯くあるべきものと感歎せざるを得ない。而も斯くの如きことが常であったのである。軍を動かし政府を動かし作田先生を動かし諸有志を動かしたものは、其の構想は固《もと》より乍《なが》ら実は其の燃ゆる熱意であった。

大学令第一条の烈々たる大文字も、……断じて言葉の綾ではないのである。……創設要旨……之は……神明に祈念し心血を注いで草した文字通り創設の要旨で、創立に参画した人々亦何れも深く之に共鳴し、其の実現に同志一体となって邁進したのである。余の此の話も神に誓って誇張ではない。

例えば東京事務所に於て、之に感激した所員等は建設の成否を己が責務として其の本分に邁進した。事務所の都合で徹夜することがあっても意としなかった。小使の爺さんは徹宵傍に居て、ストーブの石炭つぎやお茶の給事にいそしんだ。タイピストも出勤するや暫く甲斐々々しき女中の如く雑巾がけに立働き、運転手も暇があれば受付に切手貼りに其の他さっさと雑事を手伝った。世界史的意義は解せずとも、少くも国の一大事に関するものであることを夫々深く感じての使命感があり感激があった。之が全員に漲る気持であった。新京に於いても恐らく事は同様であった筈である。〃

石中は水戸高から東京創立事務所に途中から参加した。剣道の達人であった石中について、村井藤十郎《とうじゅうろう》（同志社大卒、教授）は次のように語っている。（『年表』）

〃私が東京事務所に関係したのは昭和十二年の八月からです。～中略～創立委員の先生（西先生は遠方ですから）のうち平泉、筧《かけい》、作田の先生がしょっちゅう顔を見せ、いろいろとご研究、ご議論を伺いました。私もそれに列席することもございましたが、ずいぶん熱意をこめて議論されていたことを覚えています。

あの事務所は制度上、駐日満洲大使館の中にあるわけで大使館分館のような形になっていました。～中略～

事務所のやり方で感心したのは、一つは参謀本部、もとより大使館の要職の方々とも連絡すべきところは非常に連絡を密にしていた点です。もう一つ、一風変っていた空気は、事務のハシクれ、小使、給仕まで「建国の礎えをつくるのだ」という強い理想に燃えた連中で、身分を忘れ「建国大学はかくあらねばならん」というので盛に議論をする。うっかりすると事務を放り出し「それがきまらねば、この事務はできんじゃないか」とやりあっていました。所長の石中先生が例の「まあまあヨカ」式で、うまく采配を振っておられました。

朝出勤しますと、石中さんが先頭でまず剣道の素振です。精神修養というわけです。それから満洲建国という大事業のためには、既成概念にとらわれず創意工夫――という空気が強く流れていました。〟

こんな事務所の空気の中で、石原のアジア大学構想をふまえて新大学の理念が求められたのだった。

論議を重ねて建国大学令一条は次のように定められた。

第一条　建国大学ハ建国精神ノ神髄ヲ体得シ学問ノ蘊奥《うん》ヲ究メ身ヲ以テ之ヲ実践シ道義世界建設ノ先覚的指導タル人材ヲ養成スルヲ目的トス

作田博士は自身も含めた創立委員四博士の一致した建学、教学のあるべき姿を次のように述べている。

〝従来の大学における教学目標は多くは真理の探求であったが、建国大学は広義における道徳の教養を目標とした。～中略～私は満洲国の建国大学の出発に当たりては、創立委員四名の一致せる意向を体持して、新興国家にふさわしい国立大学の創建に従ったのである。かかる道徳本位の教学は、満洲の人々にとっては縁故の深い「天の道」に合致し且つ道義国家を標榜する新興国に相応して居た〟

（『道を求めて　道の言葉　第六の巻』以下『道六』）

2　アジア大学か建国大学か

石原は視点をアジア全域に及ぼし、新大学をアジア大学として創設しようとしたが、四博士はアジア大学は満洲国にそぐわないと、創設するなら日本で行うべきであるとした。満洲における新しい大学は満洲建国の精神に基づくもので、満洲国立建国大学と定めた。
最初の一歩から石原の考えとは一致しなかった。

3　大学の管轄をどこにする

このことについては、「筧博士は皇帝直隷の文教院――建国大学の構想を発表し、熱烈にそれを主張された。」（三品隆以・『年表』）

「筧博士は、建国大学は皇帝に直属すべきものだ。政の喀啄は許さん」と言うのです。（平泉澄・『年表』）

この筧博士の意見を受けたのであろう。昭和十二年（一九三七年）六月十八日の東京委員会修正第一案「建国大学令」（案）では、「第二条建国大学ハ皇帝ニ直隷シ其政務ハ国務総理大臣之ヲ管轄ス」（『年表』）となっている。

しかしこの年の七月十五日〜十七日の三日間、新京の軍人会館大講堂で開かれた建国大学創設委員会でも、筧博士は皇帝直属の持論を主張したが、反対意見が出て結局、同年八月五日に公布された建国大学令で「第二条　建国大学ハ国務総理大臣ノ管理ニ属ス」となった。

作田博士はこう述べている。

「この大学の管轄のみは文教科に属せず、国務院の直轄となり、且つ大学総長は職制の上にて国務総理大臣の兼任となって居た。大学の創立についてもその後の運営についても、国務院の中央行政官庁である総務庁がこれに当たり、また裏面では関東軍の支持に負うところが大であった。かゝる背景の下に立てる教学機関の通例としては、大学の実営にもその筋の干渉を免れないはずであったが、実際には全くそんなことなくて、私の在職中には、教育の方針は勿論、施設や人事についても、一度たりとも干渉をうけて困ったことはなかった。」（『道六』）

4　修学年限は

〝これは前期三年、後期三年ということになったが、この辺から石原さんの考えと違ってきました。特に後期の教育は学校教育的なものでなく広く現地を歩きながら、実地に則した意見を戦わせながら学ぶという、陸軍大学の演習式のものが石原さんの考えだったよう

です。ところが実際には日本の大学教育に近いものになりました。〃

（木田清〈東京商大附設商業教員養成所卒、理事官〉『年表』）

この点は作田博士が明確に「前期三ヶ年は精神講話を中心として文科系統の専門科に進む予科となし、後期三年の大学本科に当るものは、政治学部、経済学部、文教学部の三学部となし、各専門の学科と共に三学部に共通した高等教養となるべき基礎学科を置きこれを三ヶ年に配当した。」（『道六』）と述べている。

このように建国大学では前期三年（予科に当る）後期三年（大学本科に当る）の六年間を修学年としたのである。

5　学科と訓練

四博士は日本の教育機関では例をみない斬新な、新興国満洲に相応しい教学と訓練を採り入れた。

午前中は教学に、午後は訓練とされた。

教学はほぼ出欠をとらず、試験もなかった。

ここでも四博士は激論を交した。

その一例を平泉博士は語る。

〝一番激しかったのは、たとえば〝社会学なんというものは不要なものだ〟というのが筧先生なんですよ。国家学があればいいので、社会というものはないんだ。国家以外に社会に何があるかということでした。でも憎むわけでもなく楽しい議論でした。〟（『年表』）

作田博士は後期三年の高等教養となる基礎学科について前項に引き続いて説明している。

〝その中には「神の道」や「天の道」やを始めとする各種の宗旨道や、哲学一般・史学・文学・武学・国家等実務学科等を収めた。専門学部としての政治学部は、従来の法学部を改めて政治学科目を多く収め、日本の法学部構成と著しく変ったものとなした。ヨーロッパの大学では、ローマ法やゲルマン法やイギリス法等の伝統を承《う》けて法律系統を特に尊重するので、それはそれで善いであろう。しかし日本の大学がそれを真似て法律万能の教え方をなし、政治学は片隅の方に一科目だけに片づけられて居る有様は感心出来ない。西洋人には「法」と聞けば襟を正すだけの遵法精神が養われて居るが、東洋人は然うでなく、西洋の法律観念に該当するものは寧ろ道徳観念であろう。それは西洋の権勢国家観に対する東洋の道徳国家観を強く意識せしめることにもなるのである。経済学部では満洲国民経済学を主眼とした。その為めに予め研究院において教授陣の満洲経済研究が続けられた。文教学部は新しい試みであり、今日の日本の文学部と教育学部とを合わせたようなものであり、且つ文教諸機関の長となるべき者に必要なる学科目を配したものであった。これは趣向としてはともかく、学科内容としては浅くなることを免れないから、その欠点は卒業後に研究院に入りて補充研究をなさしめる予定であった。〃（『道六』）

訓練

休日を除いて午後の時間すべてが訓練に用いられた。

建国大学創立要領説明書　六月十七日に次のように記載してある。（『年表』）

一、学生ノ訓育ハ知行合一、学問事務不分ノ精神ヲ以テ一貫シ、同義世界完成ニ不惜身命ノ実践的人物ヲ練成スルニ在リ訓練は武道、軍事、農業の三部門で実施された。

〇武道訓練

柔道、剣道が正課とされ、加えて創始者植芝盛平《うえしばもりへい》の合気道、天龍関取の相撲、弓道、更に部活動として騎道、滑空部など次々に生れた。

〇軍事訓練

軍事訓練は特に重視された。作田副総長は次のように述べている。

〝建国大学の訓練科目としては軍事訓練を重んじたことは勿論であるが、これは当時の我が国にて重視せられたものと同様の行方であった。但し、我が国では学生側は無論、大学当局もあまりそれを重視して居なかったようであるが、建国大学ではその訓練科の長として、度々の実戦に勇名を馳せた陸軍少将（註　辻権作《ごんさく》〈教授〉）を据え、且つ実力ある将校数名が加わって真剣な訓練が行なわれて居た。それは時勢から言って当然の事であった。〟（『道六』）

武道訓練（写真集『建国大学』より）

五族揃っての弓道部（第二期）

剣道部
中央椅子　中央　浅子次郎教官，左　岩井隆三郎助教，右　後藤周助助教

合気道部
中央椅子　富木謙治教官

軍事訓練（写真集『建国大学』より）

颯爽たる騎道部員

三角原点がみえる

農業訓練（写真集『建国大学』より）

緬羊《めんよう》も豚も鶏も飼育した

農場の一隅で
飯ごうで馬鈴薯を炊き楽しそうにしているが、これは入営者を送るひとつの宴である（第四期）

後列左から　野尻・渡辺・リハチョフ・森崎・高山・桑原・朴・有田
前列　戸泉・平沢・井馬・宇都宮・山田

その結果、学徒出陣した建大生は、ほぼ全員、軍に於いては成績トップであった。

○農業訓練

「日本の大学には見られないような訓練科目であって、しかもそれが予想以上に善き効果を挙げたものは、六十万坪の校舎敷地の中に設けた農事作業場の訓練であった。これは青年の心身を鍛練する為めに必要である外に、満洲国の発展が農業振興を基礎とすることも考慮に入れて、土と親む教養を施すことにあった。その農事訓練には、当時これ以上の適任者はあるまいと思われた藤田農学士を迎えて、他の大学では見られない好成績を収めた。」(『道六』)

作田博士の言葉の通り農業訓練は成果を収め、この作業はやがて農業班、植樹班へと発展していくのである。

作田博士がこれ以上の適任者はあるまいと評された藤田松二について、友人、学生の声を聞いてみよう。

・「民族の苦悶——創設期の塾生活をめぐって——」

江原節之助（陸軍士官学校中退、建大塾頭・助教授・理事官・庶務科長）

藤田塾頭は農学校から高等農林、大学は農政経済を出て、農学校の教師から宮城県の農民道場の場長まで、農づくしで終始した生粋の農業指導者である。農民を愛し農業を学ぶこと寧ろ狂信的と思はれる程であった。東北に不作が続き、若し日本に共産暴動が起るならそれは東北からだとさへ言はれた時、農民に忍従と希望とを与へて冷静に導いたのは、彼の偉大な功績であると讃へられてゐる。公用で仙台から東京へ出る際にも、作業服の腰に手拭一筋ぶらさげたまゝ汽車に乗る。何か寛政の三奇人を思はす風があった。～中略～

藤田は珍しい精力家であり努力家であった。漢人農民そのままの——否それにも劣る服装で終日鍬を持って働いた。彼の働きを見ていると、彼はそのまま土の中に溶け込んで了ふのではないかと思はれる程であった。彼は民族の協和は農業以外にはないといふ信念を持ってゐた。彼は言ふ。「日本人が一農民として満人部落に雑居して、彼等と苦楽を共にしてゆくなら、民族協和は間違ひなし」と。～中略～

建国大学のすぐ北に建国廟といふのが造られてゐた。本尊の神様はまだきまってゐないが、建国の殉難者は合はせ祀られるであらうと言はれてゐた。或る日重大会議があるから某所に行けといふ通知を受けた。内々の話では建国廟の神様をきめるのだといふ。建大からは副総長が留守なので稲葉（註　岩吉《いわきち》＝君山）教授が代表の資格で出るが、塾頭は特に出席せよとの軍の命令とかで、自分も出かけて行った。

会場には総務庁はじめ各部各界の代表者が居並んで要ゐた。皆日本人ばかりだ。司会者は関東軍の片倉（註　衷）第四課長である。片倉は白紙の態度で意見を求めた。誰もが天照皇大神を祀りたいとのことをほのめかし乍らも、事の重大性を恐れてはっきり言ひきる者がない。其の時突如として立上って声を出したのは稲葉教授である。「私は康熙帝が宜しからうと存じます。それは此の満洲の土地に縁のある方をお祀りしたいとの方針の下に考へました」此の提案には片倉もびっくりしたが、皆あいた口が塞がらぬといふ顔つきである。次に藤田が激越な口調でしゃべり出した。「神様って言ふが、そんな神様がなんで必要なんですか。何百万円も金を使って、廟てう神社てういうものを造る位なら、北満のアルカリ地帯に金をかけて、移民でもつれて来る方がよっぽどましだ、とわしはさう思ひますが。」片倉は果然険しい表情を示して、「あなたの言ふのは話が違ふ。今日はさういふ問題で来て貰ったのではない」と突っぱねて了った。あとは日本の神様を持って来て、どうして他民族の人達を納得さすかといふ話である。石中（註　廣次）は立って、「これは日本人が他民族の人達に親切にしてあげて、自分は敬虔な態度でお参りして居れば、自然みんなが知らず〳〵の間にお参りするやうになると思ひます。これには相当長い年月を要

しませう」と言った。片倉は尚今後の研究を要望して散会した。（建国大学同窓会編『歓喜嶺　遙か』上、平成三年）

・「藤田先生の農業訓練のこと」越智通世（一期）

昭和十三年四月末、一期生入塾二、三日後の初対面の言葉「君たちは何をしに来たのか。満洲国の現状や農民生活の実態、政府の実情を見よ……」の愛国の熱弁から受けた衝撃は、私においても建大生活を通ずる基本的課題となった。そして今に至るまで消えないものがある。その迫力には由来があった。建大の創建は石原莞爾のアジア大学構想に源流するといわれる。彼は「立正安国」と究極平和を願った日蓮の信者であり、その予言と戦争史の法則的研究から「世界最終戦論」を立てた。陸大教官としてそれを講じていた昭和二年秋、伊勢神宮参拝に際して光が満洲に渡る啓示をうけたという。そして北辺防衛と世界平和基地として、民族協和の王道国家の建設を願った。〜中略〜

藤田先生は、ほとんど自己を語られることがなかったが、断片的な話を推測を交じえて繋ぐと、鹿児島高等農林から京都大学で農業経済を学び宮城農学寮に至る農村指導者教育の歩みの中で、仙台の連隊長時代に、冷害に苦しむ農村出身兵士たちに、兵営内で兎を飼育させたという石原氏と出会った。〜中略〜そして深く傾倒する石原将軍の要請を受けとめ、燃える使命感と埋骨の覚悟をもって着任した。その学生への第一声であった。そこには石原構想を背景に、国家社会主義的かつ農本的立場の濃厚な、塾教育と農業訓練への抱負があったと思える。～中略～

藤田先生の塾頭は二年足らず、昭和十四年末ごろまでで、あとは農訓指導と後期の農学講座担当が予定されていた。しかし十六年三月には興農部へ転出となった。高田、鎌田先生が来られたが、やはり一年余で藤田先生が復帰された。塾頭をやめてからの先生は、農場へ泊られることが多くなっていった。その後、学生検挙、副総長更迭等苦悶する建大の歩みの中にあって、自分の使命として一貫して、農本国の先覚的指導者のあるべき道を、精魂こめて訴え続けられた。といっても農場で学生、職員、馬夫、農夫達とともにあって、教官や管理者である前に、まず自らがそのあり方を究明することに没入してやまない風があった。

作業の余暇には書物を手から離さず、批判精神鋭く折に触れて談論風発された。満食、満汗、満死を己が分とするとは、ぴったりの表現である。ただ満語ができないことを自ら遺憾とされたが、言葉以上の生きざまそのものをもって接し、また馬夫や農夫達を護っておられた。学生たちにもかねて「自民族のガンジーたれ」と訴えられたが、表面的な融和よりは肚の底からの通じ合いを、めざしておられたといえよう。農訓中の作業態度についても、あくまでも各人の自覚にまつ姿勢を貫かれた。いろいろな学生が参加した農業班に対しても、各人が自ら問うことを主体に、問われれば答える姿勢であったと思える。～中略～

先生の最後については、不慮の暴行を受けたとか、自決説まで伝聞した。先生ほど心からひと筋に、満洲農民の生活向上と民族協和を願った人はあるまい。それが災厄を受けるとは……。何とも割り切れない気持であった。そしてひとつの想像に至った。満洲国崩壊後も建大農場で、先生を中心に学生と馬夫と農夫たちの生活が、そのまま根づき続けようとしているのを見て、昔の地主たちの中にこれを喜ばない者があったのではないか。～中略～

筆をとりつつ思いをめぐらせば、先生の面影と歓喜嶺農場の風物が、昔ながらに甦って身も心も包まれる。そしてその時、その時の先生のお気持へ、気づきが、勝手な推量ながらいまさらに深まるのを覚えた。そしてついに先生の最後を偲んで、思いはこみあげる。藤田松二先生の貢献と殉難の足跡のうちに、満洲建国とその崩壊の歴史の歩みの、光と影とが深く印されていることを思うのである。

（「一九八九年十二月三日記」『歓喜嶺　遙か』下）

・「藤田先生」坂東勇太郎（二期）

（二）藤田松二先生には、「建国大学教授・農学士」などといういかめしい肩書は必要ではない。

敢えて冠すれば「教育者藤田松二」ということになろうか。

気の遠くなるような長い高粱畑の畝に除草の鍬刀を動かしている学生の先頭に立って、苦力笠をかぶり広い大きな背を見せ黙々として働いているのが藤田先生なのだ。大地の愛、自然の力を、汗を流し働くことによってつかみとれとでも言われるように、言葉ではなく身体で、しかも自らそれを示し全体で教えるのが藤田流の教育である。

昭和十三年春、「建国精神ノ神髄ヲ体得シ学問ノ蘊奥ヲ究メ身ヲ以テ之ヲ実践シ道義世界建設ノ先覚的指導者タル人材ヲ養成」することを目的として、満洲国新京市の南端歓喜嶺に誕生したのが建国大学である。この建国の発想は石原莞爾将軍にはじまると言われている。藤田先生は、そのいわば建大生みの親である石原将軍の推輓《すいばん》によって創設と同時に建国大学に迎えられた。もっとも、藤田先生は、前記の創設要綱中の目的については、「大変なことですな」ともらしておられた。～中略～

たしかに、建国大学の農場は、満洲国崩壊―閉学にいたるまで藤田松二という一人格によって学生練成の道場としての機能を果し得た。五族の青年を打って一つにし、民族協和の理想が画にかいた餅ではないことを示すために、理屈ではなしに、同じ苦しみを苦しみ、同じよろこびをよろこび合うことの出来る共通の地盤が必要であった。何のために、百姓の真似をしなければならぬのか。何故、これほどまでに身体を苦しめねばならぬのか。言葉には出さぬが、五族の俊秀とおだてられ、自らも誇っていた青年たちの一人一人が蒙古風に吹きさらされ、あるいは肌を焦がす暑熱にあえぎながら、播種し、寒風の中に脱穀しながら、悩み悩んだ。しかし、藤田先生は、その解答を与えなかった。「自得せよ」とすら言われなかった。まして、天地の創造に参ずる、などというような生の言葉はついに一度も聞くことは出来なかった。が、今日、建国大学の出身者のすべては、心から「藤田さん」と親しみをこめて先生をよび、その教えを偲んでいる。偉大であった。というような言葉で先生を評し去ることは、むしろ先生を損う。

(二)「藤田松二《トンテイエンバンズ》」と満系の学生は言っていた。藤田のデブッチョということだが、嘲笑の意味はなく、気を許した親父に対する親愛にあふれていた。

(三)藤田先生が、建大赴任を決意された経緯は、先にも言ったように、石原将軍の推挙によるとだけは分っている。

…………

静子未亡人は、「私には、前以ての相談などはなく、赴任をお受けした後に『自分は、元々兵籍にあり、非常の場合軍人として第一線に立ちお国のために命を捨てる覚悟であった。満洲の建国大学で五族協和の大理想のもとに、男として悔のない仕事をすることも、国のための、また人としての最大の使命と考える。満洲の地に骨を埋める覚悟でお受けする決心をしたのだから、自分の気持を理解してくれ。』といわれました。」

と当時を回想されている。

先生は、真っ当に純粋な方であった。青年のような新鮮な感受性と、それを実行に移す力を持っておられた。

藤田先生を想い起こすとき鮮烈なのが、大きな燃えるような陽が沈んで、残光がほのかに影を作る時にも、なお農場に立っておられた姿であり、いま一つは、寸時も惜んで読書に耽っておられた姿である。

本当によく読書された。～中略～

その先生は、終戦混乱の二十年十月末、亡くなられた。変死だと伝えられた。～中略～

死児の齢を数える愚をおかしてはならぬが、満洲国が今日なお生きてあったならばと、そこに藤田松二先生をおいて思うことしきりである。

(昭和四二・一〇・一夜)(幡掛正浩〈京大卒、建大・助手〉)(『年表』)

農業訓練は、例えば炎天下に何百メートルもの畝で、ぶっ続け何時間も除草作業をするといった単純な作業のくり返しの筋肉労働で、日系学生は黙々と鍬を手にしたが、満系学生はこの種の労働には不満で、ほぼ全員サボタージュ。彼等には伝統的にインテリ、有産階級の子弟は、下等と見下していた労働にはつかないという習慣があったのである。

日系学生にこの労働の中から、自主的に農業につこうする農業班が生れたのである。

○精神訓練

作田博士は言う。

〝唯一つの「精神訓練」のみは、科目だけ置いて実修練が出来得ないで終った。それは主としてこの訓練を担当する人が得られず、従ってその人の意見を聴いて定むべき訓練方法が決定されて居なかったからである。そこで已むを得ず、これを各種の訓練に滲透させることと、国及び大学の行事を単に形式に止まらしめないように行なうぐらいにて、遂に特殊の訓練修行を試みるに到らなかったことは残念であった。精神訓練の方法としては、これまで神道、道教、仏教、カソリック基督教等にそれぞれのものがあるが、大学の教育としては、それらの一つを採用することには精神の偏向を来たす恐があり、さりとてそれらを調和綜合する修練を案出することは、我々の力では出来なかったのであった。大体において西洋では身体上の鍛錬が進んで居り、東洋では精神上の訓練が重んぜられて居るので、私は何か現代相応の精神修錬方法はあるまいかと絶えず工夫をつづけて来たが、自分でもその自信が出来ないままに、遂にこの訓練のみはやらずじまいに終った。〜中略〜特に精神訓練が廃れては、過去の日本を辱かしめ将来の国運を不安ならしめることが憂慮せられる。国人の中にて誰か起って新時代にふさわしい精神訓練の方法を創始するものは出ないであろうか。私にはそれが出来なかったことが残念であるだけに、切にその事を教育に志す先覚者に待望して居る。〟（『道六』）

6　研究院と満洲国学

研究院と満洲国学を体系づけたのは作田博士であった。

〝満洲国では已に「大陸科学院」が出来て居て、この国土に適切なる理科系統の研究を綜合的に行なって居た。そこで建国大学では「研究院」なるものを設けて文科系統の諸学科を綜合的に研究し、これらを「満洲国学」として大成しようとする案を立てた。そこでの研究員の多くは建大の教職員とするが、その外に実地調査や政策立案やの方面に必要な頭脳として政府や公社及び公益会社の人々にも参加を依頼することとした。〜中略〜

研究院が発足した直後には、教育陣と研究陣との間に少しは疎隔を来たしたが、これは塾や訓練を担当する教員からも教育事項を研究する為めに研究院に入って貰い、また研究を主とする教員からも一年ぐらい交替して塾に出て貰うこととして調和が出来た。研究院の仕事は主として満洲国学の研究であって、これならば満洲国の進運に貢献するは勿論として、満洲に関心を持つ者ならば、どこの国の人々にも重んぜられる研究となる。〜中略〜

かくて建大研究院の仕事は多くは若い人々の努力にて、二、三年の間にほぼ緒につき、「研究期報」なる定期刊行物も発行され、満洲国の地理・歴史・民族・言語・宗教・制度・産業等々の研究報告が次第に進行しつつあった。然るにその研究院は大東亜戦に因って大学と共に満洲国と運命を同じうした。〜中略〜この研究院はまだ小規模であって将来を期待されたに過ぎなかったが、それにしてもいつの日か、ああした研究機関が彼の地に再興されることがあるだろうか。今後復び中国の学問でもなく、ソビエト・ロシアの学問でもない「満洲国学」なるものが取挙げられる時節が到来するであろうか。それを思うと心淋しくなる。〟(『道六』)

7 図書館の開設

昭和十二年(康徳四年、一九三七年)六月十八日、東京委員会決定案、建国大学創設要綱案の「図書館の開設」に「成ルヘク速ニ新京ニ大学図書館ヲ建設シ、内容ノ充実ヲ図ル、是カ為北平ノ図書館(外務省文化事業部)、大連満鉄図書館及満洲国内ニ散在シアル文献ヲ蒐集移管スル如クシ、之ヲ基礎トシテ、亜細亜全般ニ亙ル図書ノ蒐集ヲ積極的ニ開始ス、特ニ可及的速ニ研究院ニ必要ナル図書資料ヲ整備ス」と明記して、図書の蒐集に力を入れた。

図書館開設の時、十六万冊の図書が集められたという。その内容はマルクス、エンゲルス、毛沢東に及び、日本でも満洲でも禁書とされた書物が、建大では自由に閲覧出来たのである。マルキシズム、帝国主義を克服するための研究書として学生に提供されたのであった。これ等の書物が反満抗日の満系(中国人)学生に利用されたが、それが大きな問題とされなかったところに、建国大学の学問の自由の校風が見える。作田博士の学風がそこにあった。

五　石原・作田会談

大学創設にかかわる東京事務所の四博士を中心とする委員によって、石原構想をふまえつつもアジア大学を脱して建国大学とすることにより、新しい大学構想は副総長問題、皇帝の係わりなどの問題を除いてほぼかたまっていた。

さらにこの七月十五日〜十七日（昭和十二年、一九三七年、康徳四年）の三日間、新京軍人会館大講堂で建国大学創設委員会が開かれることになっていた。

作田博士は七月初めに石原莞爾にお会いしたいと申し入れ、二人の会談が持たれることになった。その時の様子を三品隆以は次のように述べている。

〝ただ二人だけの歴史的な対決は、麻布の事務所「天主閣」（註　所員は三階の個室をそう呼んでいた）で行われた。対座一時間余り。談論は白熱化したらしいが、両者の間には、寸分の妥協もなかったに違いない。終って将軍は、微笑を浮べながら黙々と、帰って行った。楼上から降りて来た作田博士は静かな笑を浮べたまま、「石原さんは、偉い軍人さんだと聞いていましたが、大変な思想家ですね」と、一言洩らされた。〃

（三品隆以『我観　石原莞爾』）

六　支那事変勃発

作田・石原会談の直後であろう、なんと北京郊外の盧溝橋《ろこうきょう》近辺で昭和十二年（一九三七年、康徳四年）七月七日夜、日支両軍が戦火を交えたのである。

かねて石原は満洲国を理想の五族協和の王道楽土につくりあげて、蔣介石に満洲国を認めさせ日支の友好関係をつくりあげ、世界最終戦争の相手国アメリカに対抗しようと考え、長城より南に一兵も動かしてはならないと広言していた。

石原は昭和十二年三月、少将に進級し参謀本部第一部長の任についていたので、事変の不拡大を主張し八方手をつくして事変をおさえようとした。しかし総反撃にあって石原は軍内で孤立し、九月には満洲に追いやられた。

満洲に戻って来た石原は関東軍参謀副長、長はなんと板垣に代った東條英機であった。

支那事変は新国家、満洲国の前途に暗い影を落し、この中で建国大学は誕生しようとしていた。

七　建国大学創設委員会

日支両軍の戦火が拡大する中で、新京軍人会館大講堂で三日間、建国大学創設委員会（委員十五名）が開催された。委員は次の通り。

委員長　東條英機
副委員長　星野直樹
東京側委員　作田荘一・筧克彦・平泉澄・（西晋一郎欠席）
満洲側委員　張景恵・羅振玉《らしんぎょく》・袁金鎧・稲葉岩吉・宇田一・辻権作等（『年表』）

この会議で、建国大学創設要綱および建国大学令が議決された。
八月五日に公布された建国大学令によれば、第一条で「建国大学ハ建国精神ノ神髄ヲ体得シ学問ノ蘊奥ヲ究メ身ヲ以テ之ヲ実践シ道義世界建設ノ先覚的指導者タル人材ヲ養成スルヲ目的トス」と建国大学の人材養成の目標を明示し、加えて、第二条で「建国大学ハ国務総理大臣ノ管理ニ属ス」とした。

東京の委員会でも、更には今回の新京の創設委員会に於いても、筧博士は皇帝直隷の文教院の構想を発表し、熱烈にそれを主張（『年表』）したが認められず、第二条の通り国務総理大臣の管理となったのであった。

大学令と同時に政府公報で明らかとなった建国大学創設要綱でも「目的一、建国精神　神髄ヲ体得シ学問ノ蘊奥ヲ究メ身ヲ以テ之ヲ実践シ道義世界建設ノ先覚的指導者タル人材ヲ養成スルヲ目的トス　要領二、創設ノ要旨・本大学ハ満洲国ノ世界史的意義ヲ拡充顕現スベキ人材養成ノ為独創的大学ナルヲ以テ一切ノ既成概念ヲ超越シ広ク且深ク亜細亜ノ現情並将来ヲ達観シ建国精神ニ立脚シ其ノ高遠ナル理念ニ基キ其ノ雄渾ナル構想ノ下ニ確固タル基礎ヲ樹立スルヲ第一義トス（以下略）」と建国大学のあるべき姿を明らかにしているのである。（『年表』）

東京の四博士を中心に建国大学の構想はつくりあげられ、三日間の創設会議でそれがほぼ認められて建国大学は建学されることになった。

因みに創設委員会の委員長・東條英機、副委員長・星野直樹の評などを見ると。

○東條英機委員長

建大教授として、又関東軍参謀部第四課の経済顧問であった岡野鑑記《かんき》が、昭和十三年（康徳五年、一九三八年）新京に着いてからのことである。

〝私は経済顧問として、しばしば東條参謀長に意見を具申したが、彼は「満洲の独立とか、民族協和とか、本気で考えているのかね。」と笑いながらいったのを記憶している。〟

（岡野鑑記『ある経済学者の一生』白桃書房）

東條英機の頭の中には、満洲国も、民族協和も全くなかったのであろう。

○星野直樹の場合

『満洲人の少女』（昭和十二年、康徳四年、一九三七年）の出版で有名になった白土菊枝が『将軍石原莞爾』（平成四年〈一九九二年〉、〝将軍石原莞爾〟刊行会）の中で述べている。

星野は息子を建国大学（一期生）に進め、作田博士も星野が建大に全面的に協力を尽くしていただいたと感謝しているので、満洲国に対して東條とは違った視点に立っていると思われるのだが、日本から高級官僚として満洲に来て、官僚のトップに立った星野を満系の人々はどう見ていたか。

〝満人の高官たちは、日本人のいない所で語り合い、この調子では日本人は恐らく二十年とはおられまいと口々に語っていたと申します。総務長官星野直樹などを名ざしでけなし「彼のような野蛮は我国人にはいない」と吐き出すように言っていたそうです。その人たちは椅子にふんぞり返って靴ばきの足をテーブルに揚げた姿勢で満人官僚に応待した事があるというのでした。〟

八　作田荘一博士、副総長内諾

建国大学の副総長の人事については、四博士の間で作田博士にということになっていたと平泉博士は理解していたところ、創設委員会の最中七月十六日になって、

〃平泉　国都飯店に泊っていたところ、辻さんと多田さんが来ましてね。「起きてほしい」という。「何でしょうか」と言うと「作田先生がどうしても副総長を受けられない」という。その前に創立委員会で、いろいろ話があったが結局、作田先生にお願いしようということで大体話がついていたのですが……。

ところが作田先生は明確な答えをされない。夜中になってきて「これでは九仞《きゅうじん》の功を一簣に虧くからダメダ」と攻めたてるが、作田先生はどうしても承知されない。

司会　断わられた理由は……。

平泉　別にないのです。それでは、どうしても受けてもらわねば……と思いまして、作田先生の寝ておられるところまでいきました。蚊帳が吊ってありまして「はいっていいですか」「どうぞ」ということで、蚊帳の中の談判です。大分話をしましたが、結局承知されたのです〟（平泉博士の話、『年表』）

こんな顚末《てんまつ》があって、作田博士は副総長にということになった。これについて作田博士は、

〝私は何んの職であっても「長」となるに適しないことを自ら知って居たので、一応それを辞退したが、恰も東京側の委員であった筧・西・平泉の三博士と私との四人の中にて私が老い過ぎず若過ぎずと言うわけで、創立計画を実行する任務が私に振り当てられたようであった。私はその任にあらずと知りながら、行き懸りの上でそれを引受けることになったが、果して第一回卒業生を出す前年に軽からぬ責任問題を惹き起こして退却することとなった。〟（『道六』）

作田博士はこうして、建国大学の初代副総長に就任した。

九　教授、助教授の推薦

三品隆以は『我観　石原莞爾』（昭和五十九年）の中で、建大のあり方、とりわけ教授陣について述べた石原の考えを次のように書いている。

〝既成の日本の大学教授、及びその教育と研究の方法は、完全にこれを排除して、満洲国独自の創造的な方式を創り出さねばならない。従って、基本的に、この大学には、既成の先生はあり得ないし、また、必要でもない。それは、現地における建国以来の「実践的先進分子」が、学生に対する一日の長として、学生とともに学び、共に研究し、共に実践を重ねて、理論と実践を、融合統一し、更にそれを展開し体系化して、建国の指導原理を創り出して行くということである。〟

石原もすすんで大学に人を送り入んだ。

作田博士は教授の集め方に十分の配慮をした。その思いは次のようである。

〝教授陣の編制には種々の行き方を採った。経済学科に当たる教授、助教授については概ね私自身で迎えたものが多かったが、その他は創立委員並にそれぞれの専門家である先輩に推薦して貰い、概ねその通りに当人の承諾を得たものである。関東軍及び満洲国総理府からの公的推挙は殆ど無かったように思う。ましてや強く採用を求められたことは一度も無かった。この点は軍及び総理府が意識的に考慮した事と察せられる。

満洲系及び朝鮮系の鴻儒と認められた人々には名誉教授として参加して貰った。〟

（『年表』）

こうして集った人々の中には、日本の大学からの横滑りのような人は一人もいなかった。満洲建国、建学の精神を理解し、満洲に渡った人が多かった。

次に開校前後に大学に入った人々を推薦者と共にあげてみよう。

推薦者	推薦を受けた人
石原莞爾	稲葉岩吉（君山）中山優《まさる》・藤田松二・崔南善《さいなんぜん》・鮑明珍《ほうめいちん》・蘇益信《そえきしん》・岡野鑑記
辻政信	石中廣次・大間知《おおまち》篤三《とくぞう》・江原節之助・新田伸二
三品隆以	登張《とばり》信一郎（竹風）
西晋一郎	原田種臣・森信三《のぶぞう》・小糸夏次郎・福島政雄
平泉澄	森下辰夫・上田又次・寺田剛・森克己・齋藤毅《つよし》・原田文穂
筧克彦	青本敏彦
作田荘一	宮川善造・向井章・黒松巖《いわお》・筒井清彦・井邊房夫・石田興平・重松信弘・岡倉伯士・江藤則義・西元宗助・尾上《おのえ》正男《まさお》・井上長・江頭《えがしら》恒治《つねはる》・須永秀彌・武市恭信

十　建国大学学生募集

八月十日（昭和十二年、一九三七年、康徳四年）、総長・張景恵は次の公告を行った。

〝建国大学ハ今回満洲帝国が創設セル最高唯一ノ国立大学ニシテ、日、満、鮮、蒙、露、各民族中ヨリ選抜セル最モ優秀ナル青年ヲ入学セシメ建国精神ノ神髄ヲ体得シ、学問ノ蘊奥ヲ究メ、身ヲ以テ之ヲ実践シ道義世界建設ノ先覚的指導者タル人材ヲ養成スルヲ以テ目的トス。

○学生ノ在学中必要トスル学費ハ国家ニ於テ一切之ヲ支給ス。
○課程ハ前期及後期トシ、其ノ修業年限ハ各々三年トス。
○教科内容ハ、前期ニ於テハ建国精神の体得心身の鍛練、人格ノ陶冶、及後期ノ学習ニ必要ナル高等普通教育ヲ授ク。

○学科ノ外、勤労的実習、軍事訓練ニ力ヲ須《もち》ヒ、全員之ヲ塾ニ収容シ、厳格明朗ナル規律生活ト自治訓練トヲ体得セシム。〃（「年表」）

右のような公告を行い、各民族を通じて定員は百五十名とし、入学の時期を康徳五年、昭和十三年（一九三八年）五月二日と定めた。

こうして入学生の選抜が始まった。

一期生の日系日本人学生七十五名に、何んと一万余名が応募した。

作田荘一博士は入学生選抜について、「知能よりも人物に重きを置き、謂ゆる一中型の都会流・秀才型の青年よりも寧ろ地方中学校出の荒削りの若人を歓迎した」（『道六』）と述べている。

学科は勿論であろうが、興味深いのは、人間をみる面接試験にあった。その二、三の例をあげてみよう。

一期生　中村正三

「君の中学校の内申成績は大変良いが？」

「学校での試験の成績が良かったからでしょう」

「試験の成績を良くする方法は？」

「それは出題に山をかけて当てることです」

「上手に当てるこつは？」

「大穴を狙うと駄目です」

「ここの一次試験はどうでした？」

「どこの試験も似たもので、当ったと思います」

「遠い満洲へ何故行く気になりましたか？」

「合格して若し行けたら、何となく面白そうだと感じたからです」

「合格しなければ行きませんか？」

「はい、行かないと思います」

「満洲が面白そうだとは、日本の現状に不満があるからですか」

「そんなに深く掘り下げて考えたことはありません」

石中（廣次）、根本（龍太郎）、筒井（清彦）の諸先生であったと思うが、よくぞこの調子で合格の印を捺してくれたものと、未だ不思議である。（『歓喜嶺　遙か』上）

三期生　早川智男

口頭試験の席上、試験官が「日満が戦争をしたら君はどちらにつくか」と問われた。一徳一心、五族協和の理想国家の建設の先覚者養成の大学でこのような質問を受けたことに「ふざけすぎる」と私は侮辱を感じた。

不合格を覚悟で、私は切返した。

「そんなことはありえません」

「もし、あったらと聞いているのだ」荒げた高い声が部屋一ぱいに響いた。

「それは満洲国の崩壊です。そんな大学は必要ありません」

「君は強情だな」居並ぶ試験管に動揺が見えた。なのに私は合格した。建大の教授はさすがにみんな大物だと思った。（会誌四十三号『大団円』三喜会　平成十五年十月）

二期生　蕭春浦（満系・中国人）――日文訳

面接会場は相当に厳粛なもので、長い試験官席は厳正な面持ちの試験官が一の字に並び、受験生に向った。

私はいまだかつてこのような厳粛な場局を目にしたことがなく、この情景を見て異常なまでに緊張した。特に、自分の触れたことのない知識や問題を聞かれては、考えがまとまらない。それによってその対応能力と度胸を測るのである。私が入室し礼をして名前を名乗り、席についた途端に、試験官のうちの年配の一人、後で満系の漢学者高啓元先生と知ったのだが、彼が志とは何かと聞いた。我々の学科試験の際の作文の題が余の志（我が志）であった。私は答えて曰く、志とは人間の向うところの的なり。孔子曰、吾十有五にして学に志すと。すると一人の試験官が、私がまるで年より先生のような語調、口調で問題に答えたのを見て、頗《すこぶ》る興味を覚えたように突然私に聞いた。法律と道徳ではどちらが積極的か？　突然の襲撃に私は頭がぽうっとなった。緊張した思考の中、突然一つの成語が浮かんだ。「刑は刑の無きを期す（刑は刑を行わなくても良い状態を達成すべきである）そこで私は道徳が積極的であると答えた。このとき試験官が賑やかになり、頭を近づけ耳を寄せての議論が始まったので、痩せた小柄な青年もリラックスして、その後の質問に答えた。

このようにして私は合格した。

蕭の二期生では、ハルビンの受験場（他に二ヶ所試験場ありと）で満系の受験生百三十六人、合格者は四名で、蕭が一期の先輩にきくと、満系受験生百三十二人で合格したのは四人ということであった。（『二期文集』続編）

五期生　福井弘

口答試問

試験官「君の出身地は」
私「本籍は大阪の南、金剛山、千早城のふもとです」
試験官「ほう。じゃ楠木正成を尊敬しますか」
私「はい」
試験官「では、足利尊氏はどうです」
私「尊氏も尊敬します」
試験官「それはどうしてですか」
私「尊氏も英雄だからです」

当時、こんな答が許されるはずはなく、当然のことながら建大を諦めていた矢先、「入学許可ス」の通知を受けとった。正に奇蹟の感があった。

建大とは、少し変った考え方の男でも、入学のチャンスのある学校だったらしい。

（『歓喜嶺　遥か』上）

十一　日本で合格した日系学生などの渡満前研修旅行など

約一ヶ月間にわたって日本で合格した学生の渡満前の研修旅行は、三期から六期まで行なわれたが、七、八期は下関に集合して朝鮮に渡り新京に向かった。一期生の場合を報道された朝日新聞（昭和十三年、一九三八年、康徳五年）四月二十一日の記事で見てみよう。

〝四月二十日、内地学生五十四名、朝・宮城遙拝、明治神宮参拝、満洲国大使館訪問、靖国神社参拝、陸軍省出頭挨拶、午後五時飯田橋満洲国留日学生会館阮大使主催の壮行会に出席、同夜十時三十分東京発列車で満洲国に出発。〟

型通りの満洲に向かう行事だが、三期生からは建大の研修旅行が行なわれた。四期生の鈴木博の「建大日記」の「研修旅行」の頃から日を追って略記する。

昭和十七年（一九四二年、康徳九年）

三月十一日

十三時豊橋予備士官学校集合。建大の被服類支給。東大出身という青本（註　敏彦）助教授の「使命観について」の講話など。

三月十二日

学校長訓話・部隊敬礼・兵器訓練・夜間行軍。

三月十三日

午前—体操、銃剣術。午後—戦闘各個教訓、軍歌訓練。夜明け四時〜五時非常呼集。〜略〜いきなり陸士生に施すと同様のシゴキをかけるとは、学生一同言葉なくただゲンナリ。話相手もなく皆黙々。非合理。

三月十四日

幸い朝から雨。〜略〜郷土史講和。〜略〜教練なし。

三月十五日

大佐、大尉の講和、座談会。

十一　日本で合格した日系学生などの渡満前研修旅行など

三月十六日
午前、武器返納。見学など。
三月十七日
午前九時十一分豊橋駅発、午後四時東京駅着。神宮外苑の青年館に到着、九時半就寝。
三月十八日
午前九時より講和、午後宮城遙拝、見学、夜自己紹介と座談会。
三月十九日
会館において午前九時より平泉（註　澄）東大名誉教授講話、厳粛端正水の如き感じ。
～略～講話終了後、明治神宮参拝。～略～
三月二十日
八時半より有名な筧（註　克彦）東大名誉教授の「八紘一宇」についての講話、二時間半にわたって行われた。先生は円満そのもの好々爺そのもの。
午後、九段の靖国神社参拝。～略～当夜の点呼八時に繰り上げられて、外出した多くの者が私同様発見されてしまった。
三月二十一日
午前五時起床、明治神宮。萩の御殿へ上がる。～中略～禊所にて真裸になって清水を頭からかぶりし後、玉座の間に通る。〜中略〜午後、駐日満洲大使館へ、来日中の張景恵総理大臣兼建国大学総長を表敬訪問するため。〜中略〜「建大新入学と会えたこと欣快とする」旨の言葉があり、はじめて満洲における大学の評価の程がわかったようにも思え一寸自信がついた。張氏は泰然自若、悠揚迫らざるいかにも大陸の大人（タイジン）らしい風格だなと思った。夜、青本教官の講話あり。〜略〜

三月二十二日

午前中、紀平（註　正美《ただよし》）東大教授講話（優しく上品、白髪老人、ジェスチャーを入れ二時間半に及ぶ長話）午後、夜講話。

三月二十三日

午前講話、午後自由行動。〜略〜

三月二十四日

午前講話、東京研修終了。〜略〜午後十時二十五分発の下り列車で、次の研修地名古屋へ。明朝八時到着予定

三月二十五日

定刻着、駅近くの旅館弁天閣に入る。九時集合、市電にて熱田神宮へ。さらに名古屋城へ。見学後宿へ帰る。〜略〜八時半就寝。

三月二十六日
起床七時半、九時三十分名古屋駅発。〇時三十分伊勢山田駅着〜中略〜神宮皇学院大学に入る。〜略〜五時、開講式〜中略〜遙拝式、八時三十分就寝。
三月二十七日
午前五時起床、洗面。五時三十分、暁の禊場に集合、大鳥の運動を行ってより水を全身に浴びる。思いの外辛い感じはなかった。禊終了後、木履を履いたままにて外宮に向かう。〜中略〜社前にいたって参拝。〜中略〜質問形式の座談会。質問する。「八紘一宇とは」〜中略〜結論出ぬまゝ。
三月二十八日　五十鈴川禊
五時半出発、〜中略〜二キロも来た頃五十鈴川のほとりに出る。本日は清流に入っての禊の行だ。
大鳥運動の後静かに流れへと進んで行く。心臓が止まるかと思うほどの冷たさだ。
〜中略〜粛気満つる正宮へと歩を進め参拝をなして、帰路につく。〜中略〜
道場に帰ったのは八時五分、小憩の後朝食八時十五分、例の粥、たくわん二片、みそ汁。
〜中略〜講議、解説等続く、八時十五分より遙拝式。九時就寝。

三月二十九日
五時起床。五時三十分真裸にて禊場に参集し禊。それより遙拝殿にて遙拝式を行う。本日は、改まって制服、制靴で集合し、外宮参拝後、電車にて内宮へ向かう。午後、解説など～中略～
三月三十日
五時十五分、最後の禊なれば外で行う。遙拝式後朝食これも最後の御粥、昼食弁当配られる。食堂にてお別れ挨拶。七時道場出発、九時五十分畝傍駅着御陵次いで橿原神宮参拝、神宮駅十一時発吉野へ向かう。吉野山登山。～中略～後醍醐天皇の社、村上義光卿墓、吉野宮跡、蔵王寺にて記念撮影、如意輪堂、宝物殿等見学。吉野駅五時十五分発、七時十一分奈良着。猿沢池東辺の亀佐旅館に入る。
三月三十一日
今日は奈良の史跡見学である。
(1) 猿沢の池～略～
(2) 興福寺―大音堂～略～
(3) 春日神社―～略～
(4) 帝室博物館

京都見学　梅の屋旅館宿泊。

四月一日

八時二十分宿を出る。本能寺、信長の墓、京都御所、平安神宮、知恩院、昼食、円山公園、護国寺、清水寺詣で。六時発準急にて下関に向かう（註　四月二日）七時三十五分下関着。予定出港時間の一時間前に船室へ。十二時になっても出港の放送もエンジン音も聞えず。汽船いつの間にか港を離れて居た。十二時二十分、昼食、午後六時窓のカーテンを開け外をみる、山が大きく見える。六時三十分到着。夕暮れの港街釜山。列車九時二十分京城行発車、車両は広軌道、天井も高い。旧李王朝貴族家出身と聞く太仁善（日本名大永君）。台湾の邱（註　徳根）君、鹿児島出身のエイ（註　穎娃久光）君と同床だった。（彼らは皆私と同じ「塾」の住人となる人達）

四月三日

七時頃、皆眼を覚ます。〜中略〜緑が少なく一面茶褐色の大地だ。〜略〜予定より大分遅れて九時三十分、京城到着。大東館に入る。朝鮮神社に参拝、四時まで自由行動、〜中略〜午後六時京城駅発急行、〜略〜

四月四日　曇天　満洲に入る

夜明けて窓外に展開する風景とご対面。それは満目しょう条として全く味気ない景色が連続する。皆気分重しという。朝食は遼陽の駅弁、食欲なきも食べる。辛くてまずい〜中略〜十時過ぎ奉天着、余りの寒さに驚く。〜中略〜第一行動は忠霊塔参拝。〜中略〜十五時二十分鈍行にて旅順に向かう。零時二十分旅順着、予め聞いていた日露戦争二〇三高地攻撃の生き残りの勇者辻権作少将（建大教練教官）が、駅頭まで出迎えてくれた。

本日の宿泊は聖地会館。

四月五日　晴　旅順戦跡見学

午前八時起床、

午前、

⑴忠霊塔並びに納骨堂参拝。辻少将の日露戦争の話。

⑵日本海軍基地見学。

⑶「剣山攻撃地」「大孤山」「小孤山」見学—辻教官の実戦談。〜略〜

四月六日　晴

六時起床、八時出発、戦跡巡り。

⑴戦跡記念博物館

⑵東鶏山—ベトン・トーチカ・肉弾丸

⑶水師営の会見場—庭に一本棗の木。

夕方旅順駅に向かう。二十時三十分新京行き発。

⑷ 爾霊山《にれい》

四月七日　晴　石門・入塾

長い夜だった。七時りんご配給三個あり。午後三・四五　南新京にとまる。新京駅四時五分前着。新京神社に参拝。建国忠霊廟に。〜中略〜青瓦の屋根とコンクリート壁の四角の廟は如何にも重量感がある建物だ。日本式二拝二拍手の参拝を済まし我々は、ほど近い建大へと向かう。

校門はズングリした石柱であった。この門は神宮外苑の石門に似ているな等と思いながら校庭へと入って行く……そこには先輩達が整列して居て拍手で迎えてくれた。一期生の勇ましい歓迎の言葉、新入生の冴えない答辞があって、これからの生活の根拠地、建大の誇る異民族と同居し共同生活をする塾（寮）に案内された。〜中略〜范漠たる草の大地に立つ建大の石門をくぐってキャンパスに入って見た時の第一印象は、予想していたよりも、石造建物の諸々の配置も悠然としていて一種の風格があるように感じ、一応好感がもてた。

四月八日

今日は大詔奉戴記念日なりき。校庭にて朝礼行事の後建国廟に参拝す。〜中略〜午後、制帽、防寒外套、防寒帽子、靴、飯盒等支給される。全品ニュウで嬉しい。

四月九日

一日休養。時間割発表。

四月十日　入学式

午前九時より。養正堂において入学式が行われた。国務総理、関東軍参謀長、総務長官等の訓示、式後宣誓式あり。

四月十一日・土　曇　新入生歓迎大会

午前八時半校庭集合。～中略～満洲国皇帝の居住される帝宮前に到着した。これが、一国の皇帝の宮城かと、その質素というか粗末というか尊厳さはおよそ伝わってこない建物に驚かざるをえなかった。～略～建国神廟、さらに歩いて忠霊塔まで行軍する。～中略～

新入生歓迎会、午後三時半から、全校生何百人かが、万国旗の下一堂に会しての大晩餐会。日系学生が、維新の志士坂本竜馬、満系学生は、「家庭」及び「息子」、白露系学生は、ブラスバンド及びサロンオーケストラを演奏した。～中略～

新入生歓迎大演劇会が終了した時は、深夜二時半。青本塾頭の閉会挨拶に続いて、一同塾歌をあらん限りの声で歌う。意気昂揚してホールも揺れんばかりであった。最後に

「建大万歳」「満洲国万歳」を絶叫して、散会となったが、全学一体となって、何の違和感も感じられなかったのは、さすがだと思った。

ここでは、四期生鈴木博の『建大日記（抄）』は「建大入学、渡満前研修旅行」と入学の部分のみを採り上げたが、この日記抄は建大四期生会誌『楊柳《どろやなぎ》』の二八、二九、三一、三二号にわたって、昭和十七年（一九四二年、康徳九年）一月一日から昭十八年の出征まで扱っている。『楊柳』編集者の桑原亮人は編集後記で「鈴木が秘蔵の建大日記を持っていると聞いたので、無理やり出してもらった。若き日の、あの丘での飾らない証言に耳を傾けるのも風雪を経た身には悪くない」と記している。

こうして、いよいよ建大の生活が始まる。

十二　開学・入学式

〝康徳五年（昭和十三年、一九三八年）五月二日入学式を挙行す〟（『年表』）

作田副総長は、「第一期生（一四一名―日系七〇、満系〈中国人〉四六、鮮系一〇、台湾三、露系五、蒙系七）（故鈴木昭治郎〈七期〉調べ）を迎え入れて開学式を挙げたが、この日には特に満洲国皇帝から開学勅書を賜り、建学の指針が明示された。この勅書では、「建学の使命として満洲国が日本国と一徳一心の関係に立ち、在住諸民族の協和に力め、王道国家を昭示せる『天の道』を尊重し、東西の識に通じて現代教学に一生面を開らくべき満洲国学を興こし、以って実済の国士を養成するにあることを高調せるものであった」（『道六』）と述べ、勅書に〝楨幹《ていかん》棟梁ノ材ヲ造成スル〟〝我国最高ノ学府〟と明記しているのである。

なお、四月二十五日、第一期入学学生新京歓喜嶺建国大学塾舎に入る。四月三十日、第一期生入塾式挙行。満洲帝国協和会建国大学分会結成式挙行（『年表』）などの行事がとり行なわれた。

五月中旬　塾歌成る（『年表』）
校閲　登張信一郎
作詞　筒井清彦助教授
作曲　森下辰夫助教授
塾歌「曙萌す」

一　曙萌す歓喜嶺
先覚の子の打ち鳴らす
響け！　興亜の陣太鼓
天を振るがし地を動れば
亜細亜の嵐雄叫びて
十億の民覚めんとす

二　北黒龍の風呼べば
南長江水狂ふ
猛れ！　嵐よ若き血よ
「協和」の旌旗ふりかざし
焔と燃えて今ぞ往け
道義世界の建設者

三　あゝ建国の先進の
道統継ぎて我立てば
茲に！　經国安民の
大学の道明らけく
東亞の天府拓かれて
民春台にある如し

四　夫れ萬頃の道場に
「創造」の鍬打ちふりて
土に！　額の汗注ぎ
五族の力一に爲て
新生命を生み出さん
新しき国生み出さん

五　茫々千里国原に
南湖の水は澄み渡る
仰げ！　學びの丘に立つ
経天緯地の高櫓
それ八紘を宇となす
四海維新の発祥地

六　いや崇き哉建国の
神々祀る宮の杜
あはれ！　益荒男吾も亦
不惜身命国の爲
興亞護国の鬼となり
建国廟に歸り来ん

（『建国大学年表』より）

十三　塾・共学共塾

三品隆以が「これはどんなことがあっても絶対に妥協してはいけない」と石原から念を押されたのが〝共学共塾〟ですといい石原の言葉として次のようにあげている。

〝一緒に飯を食い、一緒に勉強をし、一緒にケンカをする、日本語でも朝鮮語でも蒙古語でも各民族語でケンカをし、その中でやっていかなきゃ絶対にダメだ。日本人は日本人の先生から論議を聞き満人は満人でやる——というのでいけない。〟

三品はこの一点が建国大学の最大特長であり、第一義的な眼目であったと、今も信じていますと言う。(『年表』)

作田副学長も述べている。

〝先ず此の大学の特色と言うべきものは、五族協和を内容とする塾生活に重きを置いたことである。学生はすべて塾を拠点として六年の大学生活を積む。学園は新京市街を離れ建国広場に近い人家のない郊外に六十万坪の広さを劃して設けられた。尤も敷地は広かったが、〜中略〜およそ大学の名にふさわしくない粗末なものであったが、これも考えようによっては、若人の心身鍛練に役立ったとも言えよう。〜中略〜言語、風習を異にする諸民族が合宿をなし、それに教員一名が塾頭として師父の任務に当って居た。この塾教育は、満洲建国に基く建学の一大要諦としての諸民族協和の実を挙げるものであり、全学の職員が各方面から支持し援助する仕組となって居た。〜中略〜学生はみな塾を生活の拠所として、そこから教室と訓練場に出かける。塾に住む一々の学生の技能や一身上の事柄は、各塾頭の知るところであり、学生の身上に関する事については、塾頭の言が最も重きをなすわけである。塾生活は前期三年、後期三年に亘る長い期間であったから、後期学生となれば塾生活の規律に不自由を感じたであろうが、それも前期学生に対して指導的任務を負って居たので、自制する有様がよく見られた。〃（『道六』）

さらに、

〝私は大学の実営を各自の創意に須《ま》つこととして、力めて規則類を作らぬようにした。教育の基底となって居た塾生活についても何の規則をも設けず、一つに塾頭の発意と塾頭会議の相談と塾務科長の処理によって進められて行った。～中略～学生達は塾頭始め諸先生の家庭を訪ねて温い空気に触れ、夫人達も学生をわが子弟のように待遇して彼等の郷愁を散ぜしめ、学園が一つの大家庭のように持って行かれた。中にも名誉教授であった登張竹風先生は、あの竹を割ったような一点の腹蔵もない、また何人をも容れる高風と豊かなる文芸の学殖とにて、多くの学生から敬愛の的となり、学生達は先生から授業を受ける者と否との別なく、入れ替り立ち替り先生の宅に出入して居たそうである。その先生の奥さんも頻繁に訪ねる学生や若い教員達を歓待して、恐らく家計は絶えず赤字となって居たのではあるまいかと察せられた。〟（『道六』）

塾には作田副総長の塾回顧に見られるように塾の規則はなかったが、学生の心得のような塾則が存在した。

二期藤森孝一同窓会会長の「塾当番日誌から」にそれを見てみよう。

〝これは建大二期生の前期二年第十二塾、八月十日から十二月十二日までの塾当番日誌からの抜粋である。（昭和十五年、康徳七年、一九四〇年）～中略～

十一月二日　土曜　（当番日系K）

本日より一週間、塾当番。第六訓練班長を命ぜらる。

塾則※を見る。そして驚く。

二年間も塾生活をやったら、今更塾則を見直して見なければならぬ程我々は塾を忘れ、我々の塾は疲れている。

もう二年間も同じ飯を食い、同じ先生について学び、同じ所で勉強し寝て来た。そして十二塾というものがその名を止めるのもあと二ヶ月足らずである。形象が滅びても、脈々として底に燃え続けて行くものが我々の塾に果してあるであろうか。～中略～

（前期三年に塾再編成される）〟（『歓喜嶺　遙か』上）

※塾則

一、塾ハ起居ノ間ニ建国精神ノ神髄ヲ体得シ其ノ昂揚ニ不惜身命ノ自覚ト信念ヲ培フ道場ナリ

一、塾ニ於テハ共同生活ヲ適シテ全員ヲ永遠ノ同志タラシメ協和精神ノ実践的先覚者タ

ラシム

一、塾ニ於テハ本学ノ教育主旨ニ基キ学生ヲシテ品性ノ向上健康ノ増進智能ノ啓発情操ノ陶冶ニツキ切瑳琢磨セシム

右の塾則は尾高《すえたか》副総長の康徳十一年（昭和十九年・一九四四年）一月に編纂された「塾生心得」の中に「塾綱領」としてそのまま入れている。

塾・一日

塾の一日は〝興亜の太鼓〟と呼ばれた巨大な太鼓のドンドンという音から始まる。最初は塾頭が〝起床〟〝起床〟と連呼していたが、石中塾頭が出身地の水戸より三尺余りの太鼓をとり寄せ使われるようになり、この太鼓の音がすべての動作の合図となった。

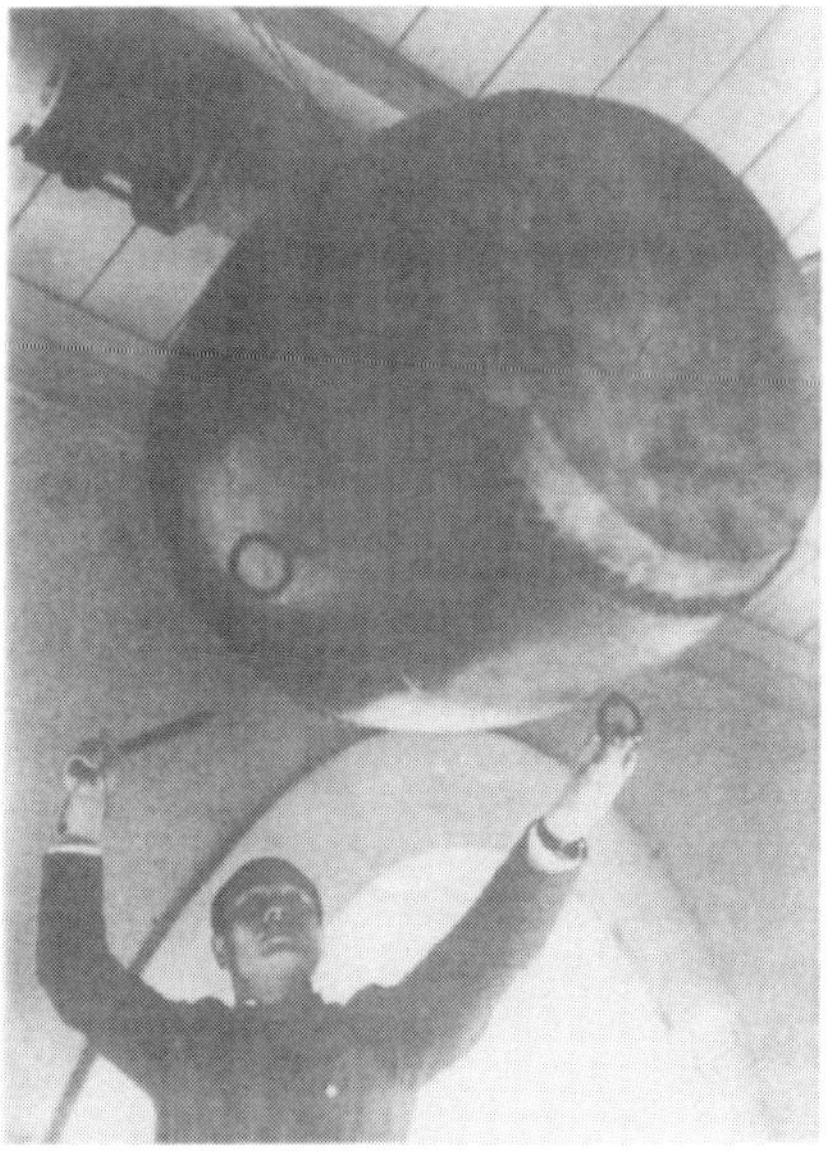

暁闇を破って太鼓がなる（江頭塾頭）
（写真集『建国大学』より）

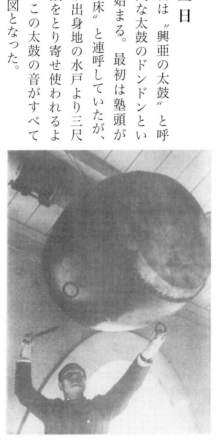

次に塾の一日の日程（自四月一日〜至十一月三十日〈冬期は一時間ずれ込む〉）を表示する。

午前六時、太鼓の音で起床、寝具の整理整頓、部屋の掃除。

六時半、塾毎に校庭を駆け足で一周、塾毎に点呼、国旗掲揚、日の丸には日本国歌、満洲国旗の時には満洲国歌を斉唱の後に、宮城遙拝、と宮廷遙拝、建国大学に賜りたる詔書奉読し、建国体操、駆け足で塾に帰り、寝室で正座。

八時朝食。食事は毎食次の型でとり行なわれた。

食前、食後に本居宣長の歌集「玉鉾《たまぼこ》百首」中より二首選び全員で詠った。これは日本の神社で食前、食後の神への感謝のお祈りに行なわれたもので、それがそのまま建大に移されたようである。

食前、塾頭の発声に従って、

〝たなつもの百《もも》の木草《こぐさ》も天照《あまてら》す日の大神のめぐみえてこそ〟

全員で詠い終わり〝頂きます〟と言って食事につく。食事が終わると、

〝朝よいに物くふごとに豊受の神のめぐみを思へ世の人〟

詠み終わって〝御馳様でした〟

この神への感謝の歌詠みは日系学生には理解されたようだが、他民族の学生には不評であったようである。

しかし、戦後（一九八九年十二月）の記録の中で次のように回想しているのを忘れてはならないだろう。

食事前後の教育

〝食堂に入っても直ぐ食べられない。腹が如何に〝ペコ・ペコ〟でも必ず「頂きます」という前に、歌を歌ってからでないと食べられない。（歌の内容は忘れてしまった。）食事後も、直ぐ食卓を離れられない。「箸置け」の命令後に、もう一度また歌を唱える。（食前の歌と内容は違っていたと思う。）今回考えると私にとって、この教育と躾の意味がよく理解できて深い感懐をもっている。〟

（李維忠〈八期、満系・中国人〉「僅か半年、その思い出」『歓喜嶺　遙か』上）

八時授業、十二時中食、十三時訓練、十七時訓練終了。入浴。十八時夕食、十九時〜二十一時自習。二十一時点呼。静座十分、故郷に向かって父母に遙拝、二十一時半消燈。自習希望者は二十三時頃まで自習。

キャンパス

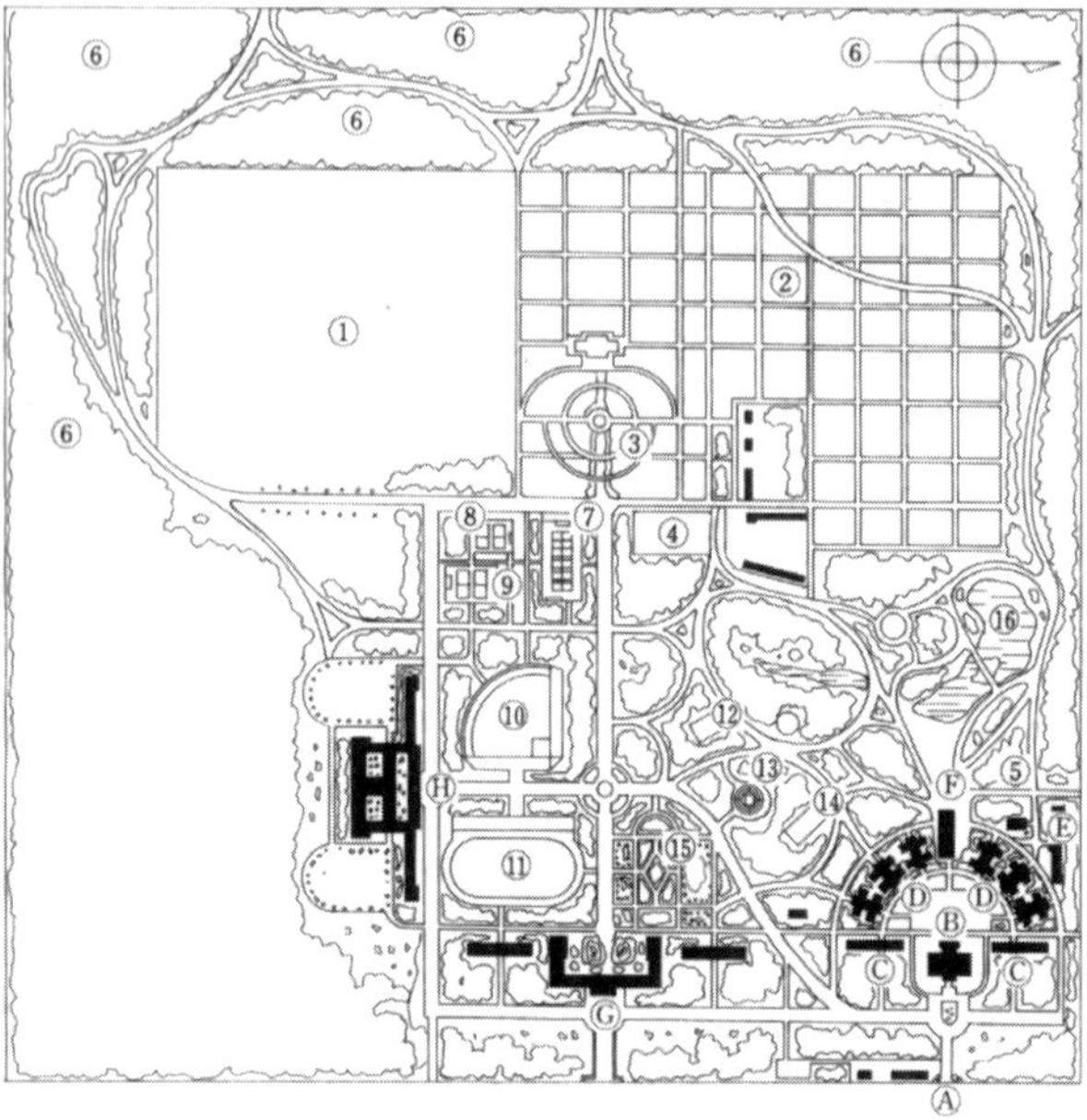

凡例			
①	教練場兼グライダー場	Ⓐ	正　門
②	農　園		
③	苗　圃	Ⓑ	養　正　堂
④	馬　場		
⑤	光　栄　の　森	Ⓒ	前　期　教　室
⑥	防　風　林		
⑦	庭　球　場	Ⓓ	前　期　塾　舎
⑧	籃　球　場		
⑨	排　球　場	Ⓔ	前　期　塾　舎
⑩	野　球　場		
⑪	運　動　場	Ⓕ	前　期　食　堂
⑫	射　撃　場		
⑬	相　撲　場	Ⓖ	本　館
⑭	弓　道　場		
⑮	花　壇	Ⓗ	後　期　塾　舎 及　び　食　堂
⑯	池		

建国大学キャンパス
（『建国大学　年表』より）

木田清（東京商大附設商業教員養成所卒・理事官）

〝塾の建て物を建てるとなったとき、ここには建築の専門家もきているのだが、辻（註政信）さんが「八紘一宇でなけりゃいかん」といい出した。「八紘一宇とはなんだ」ときくと、管理棟を中心にして八方に塾を配置して八本の足でそれぞれつなぐのだ、という。これに対しては「それは観念的すぎる。第一暖房が非能率的だし、金がかかってしようがない。満洲の冬はとくに日光を大事にしなきゃならないのに八紘一宇では日の当たらないところができてしまう」という反対評がでた。辻さんはガンとしてきかないので結局、あのとおり二本くらい作ってみたが、やはりあとは普通の建て物になってしまった。〟（『年表』）

建物の配置は「建国大学キャンパス」図の通りになった。キャンパスについて、長野宏太郎（七期）の適確な一文（「わが心に生きる建大」『歓喜嶺　遙か』下）があるので次に。

〝旧新京の市街の目抜き通り「大同大街」が南嶺を登りつめたところ、道路に面して西側に立つ二つの石柱に書かれた「建国大学」の太文字。構内に入ると左手に守衛室があり、真っ直ぐ進むと東洋風の瓦屋根の大きな建物、それが養生堂（講堂兼武道場）である。左手広場の向こうに本館の建物があり、事務室と教室になっている。養生堂の両側には前庭広場を隔てる前期塾舎へ（一塾〜十二塾）が点在する。その中央には、高い煙突のある食堂。さらに西の窪地を越えると広い農場があり、その向こうにはグライダーの練習場。そして遙か彼方に後期の塾舎が建っている。あちこちに先輩の植樹したドロヤナギやマツの木のかなり成長した姿が点在する。六十五万坪の敷地は、とてつもなく広い。

丘から見渡すと、すぐ北西の眼下には、南湖が満々と水を湛え、北には都市計画によって整然と建設された新京の街並みが美しい。遠く眼を見やると、地平線が天と地を一直線で分けており、西に沈む夕陽は大きく神秘的な輝きを見せる。

前期塾舎は、養正堂を中心にして弧を描いたように二重に並び、前列が奇数塾、後列が偶数塾で相互にレンガを敷きつめた通路で結ばれている。

また、各塾舎は平屋建てで入ると右手には学習室、洗面所等があり、左手には、塾頭室、ロッカー室、寝室があったと記憶している。〃

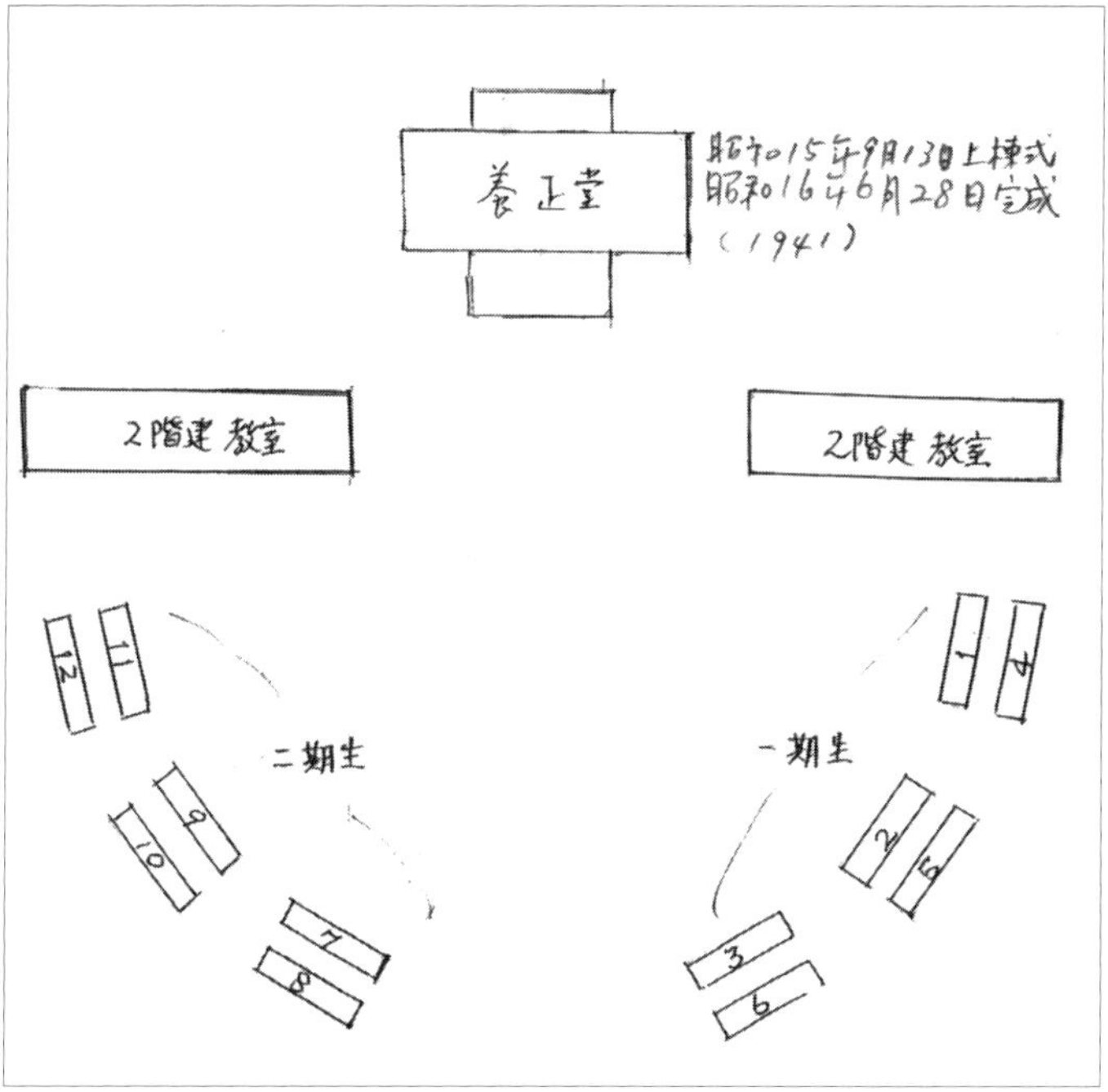

塾舎配置図（昭和 14 年 4 月現在）
作図：藤森孝一（二期）

塾の配置・構成

塾は一学年、一塾二十余名で六塾つくられ、学生配置は二期藤森孝一同窓会会長の作図の通り、五族の学生が交互に席を占める型になっている。また塾頭室が設けられ、塾頭が泊まり師父の任務（作田『道六』）に当った。自習室は懇談、雑談の場に用いられた。建大では軍事訓練に重きが置かれたが、学生一人に一挺の三八式歩兵銃が割当てられ銃架も設けられていた。

塾には一塾に塾頭、それに助手一名がつけられたが、二年度には一塾に塾頭、助手、それに前期二年学生となった学生から指導学生が日系一名、他民族一名の二名がつけられた。塾頭は学生生活に立ち入って口をはさむことはなく良き相談相手としての存在で、塾生活には何の規則もなく、生活そのものは学生の自由意志に任されていた。

塾生は輪番で塾当番日誌を書き、塾頭に提出した。トイレは当時、珍しい水洗式であったが、冬期は凍結して使えないことが多かった。

一期生の六塾に六名の塾頭が当てられるはずであったが、適任者は三名となり一人二塾を受け持つことになった。三名の塾頭は石中廣次（東大・水戸高校）、藤田松二（京大・宮城県農民道場）、江原節之助（陸軍士官学校病で中退）、石中・江原は辻の、藤田は石原の推薦で建大に入った。それぞれ独特の個性の持ち主で、塾頭として申し分のない人物であった。しかし初めての塾、その塾頭のあり方は一つの方向を定めるのに苦慮した。

学生の間でも、この康徳五年（昭和十三年、一九三八年）九月に馬小屋事件が起った。一ヶ月半で治ったが、藤田塾頭に共感して藤田塾より五名、一塾より二名の七名が馬小屋に泊り込んだ。

塾生活を離れて厩舎に籠城して理想の農村をつくりあげ、建学の理想を実現しようとしたのであった。

その一方で五族協和の実現に成功した食の協和もあった。この頃満洲では食について、日系人は白米、朝鮮人は雑穀、満漢人は高粱、蒙古人は粟という食料配給制が行なわれていた。これは五族協和に反すると日系学生が主張し、すべての配給食糧を交ぜ合わせて食することになった。これに学校側も反対せず、閉学の日までこれが実施された。広い満洲で建国大学ただ一ヶ所、五族の食が行われたのであった。

新入生が入学して、最初の食事の時、高粱の色に染った飯を見て、お赤飯と思って喜んで食したら高粱入りの飯とわかりガッカリしたそうで。しかもこの飯は日系学生の身体に合わず下痢をする学生が多く、馴れるのに長い時間がかかったという。

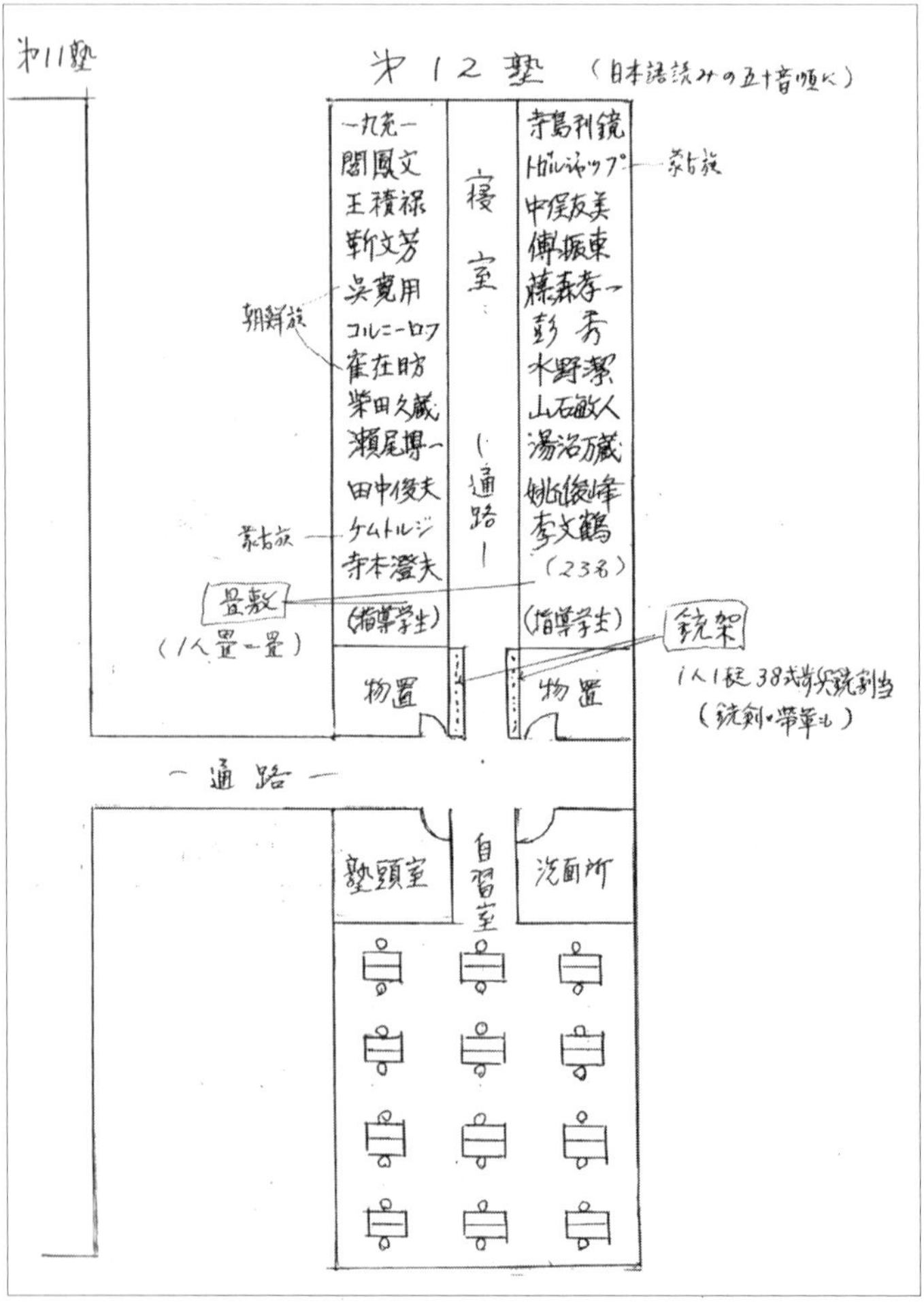

第12塾舎（昭和14年4月現在）　二期生（前期1年）

作図：藤森孝一（二期）

塾生活（写真集『建国大学』より）

朝　静座

前の棚の上には制帽がおかれ、眼の前にはきれいにたたまれた布団がある。

自習室

この写真は作業服着用だから、日常の姿とみてよい。壁面に作りつけの本棚にはギッシリと私物の本が並び、机の上にも勿論本が置かれている。競って本を読んだ。（第一期）

塾生活の回想記を二題

「草創期の塾生活」斎藤精一（一期）

一期生の入塾は、一九三八年（康徳五年）四月二十五日であった。～中略～

四月三十日入塾式　五月二日開学式、勅書を奉載した百四十余名の青年は、独創的大学の構想し近代を超えた現代の学問、特に満洲国学の樹立を、アジア再興のための王道政治を、民族協和を基調とする新国家の楨幹棟梁の材の養成を目指して力強く第一歩を始めた。

諸民族共学共同の塾生活は、建大教育の根幹であった。しかし、塾の日常は、最小限の時間割による日課に従う外には、塾生を拘束する細則等は殆どなかった。専ら塾頭の石中（註　廣次、教授）江原（註　節之助、助教授）両氏に藤田（註　松二、助教授）氏が加わり、更に助手として工藤（註　定雄、助手、塾訓育）浜崎（註　武士、助手、高等官試補）北原（註　勝雄、助手、農業訓練）三氏らが配属され、塾生の自由な発想と自発的な行動により塾の運営が進められた。～中略～

○読書、談論の自由

塾では、読書も発言も自由であった。正課の授業や訓練が終われば、塾舎の内外は時と所を選ばぬ学習、修練の場でもあった。政治、経済、思想、文芸を問わず、日文、中文の別なく、塾生は読書を楽しんだ。満系学生が三民主義や毛沢東思想の書物を所持していることも異としなかった。一期生は、前、後期を通じて禁書の規制を受けなかった。

屢々《しばしば》開かれる座談会その他の会合では、活発な発言が相次ぎ、和気あいあいの談笑もあれば、議論沸騰し白熱することも多かった。学外では憚《はばか》られた対当局批判も、建国の理想と実現、日満両国の関係、民族共存の問題等も全く自由に、激烈に討論し合った。～中略～

○自発的な行動

～前略～塾生活にあっては、更に塾生の自発的行動が見られた。塾舎内外の清掃、整頓をはじめ、塾別及び全塾での諸行事、炊事から食堂の運営、植樹から造園作業、正課以外の農園作業、騎道と厩舎管理、スポーツ、書道、各種の学習研究等が実施された。また特に、軍事、武道訓練のおくれを自覚し自発的に補習した一部の同学も注目された。すべてこれ、「自創る」の意欲から出た行動であり、率先垂範の徳性が培われたのである。

○塾頭の薫陶

塾は練成の道場であり同時に、団欒《だんらん》の家庭であった。塾生同士の研鑽、親睦の毎日を師父として慈母として見守った塾頭は不可欠の存在であった。前記初代の三塾頭は、それぞれ武道、漢文、農学の造詣深く、また個性豊かな人柄と情誼の持主であった。民族の別なく、誠

心誠意の教導補育と日夜をいとわぬ配慮を全うした。更に屢々若者達を自宅に招じられ、家庭ぐるみの歓待をされた。〜中略〜

建大の学風を語る時、塾頭の薫陶ぶりは忘るべからざる一大特長である。

○強い正義感

塾は、いわば明治維新の子と辛亥革命の孫との出会いの場でもあった。民族、思想、信条の違いを超えて、平等無差別の環境であり、そこには友情と切瑳琢磨による指導者の団結を期した高度の政治性があった。スローガンに止まらぬ真の民族協和の実戦場であり、早くも相当の期待を関係方面から受けていた。〜中略〜

この頃に関する限り、前後期六年の学習と練成を待ち、開学構想の集大成を期したのであるが、時勢革《あらた》まり虚しくなった。返すがえすも残念である。〜後略〜（一九九八年七月二日）

（建国大学七期生会誌『朋友們』第七号）

「若き日の思い出」胥慶瀾（五期、満系・中国人）

私の父母は生計の為、はるばる揚子江流域の江蘇省から転々して大興安嶺を超え、中国東北の国境都市、満洲里に流れて来た。私はこの辺鄙なところで幼年時代を過ごした。

中学校の学業は、内蒙古の呼倫貝爾《フルンボイル》草原にある海拉爾《ハイラル》第二国民高等学校で終えた。当時、内蒙古は北方の塞外に位置し、文化はたち遅れていたので、大学へ入ることは、私にとってただ憧れにしか過ぎず、度を越した望みで、全く夢まぼろしであった。しかし、お天道様は、こつこつ勉強する人の志と期待に背かず、苦闘の結果、ついに思いがけなく、僥倖にも歓喜嶺の建大に入学した。実はその頃、普通の大学に入ることとさえぜいたくな望みであったのに、いわんや建大に合格するということは、敢えて思う勇気すらないのであった。

建国大学では各民族の青年学生が集まっていて、沢山の青年同窓と知り合いになり、私の生活視野を広くさせ、見聞も広めさせてくれた。彼らは皆、純真、情熱、素朴で、私に純情の友愛を与えてくれた。

入学した後、大学の、〝塾生活〟と、厳しい学習・休憩の時間割と規律が、私の生活の価値観念に大きな影響を与えた。特に私の意志修養と心身鍛練において、苦労にめげない根気と困難を克服する精神を育ててくれたのである。若い時に厳格な塾生活を経たため、私はあの激動年代に耐えることができ、大きなおかげを得た。

当時の学生時代の塾生活を顧みれば、夜明け方に、天空のまだぼっと薄暗いうちに、睡眠意欲正に濃い時に、太鼓がドンドンと鳴り響き、寝床から飛び上がり、速やにてきぱきした行動で、服装を整え、布団をたたんで、直ちにグラウンドに集合し、朝の体操をはじめる。

体操の遣り方は、普通と違って、大声でさけび、両手で上へ天を突き、そして両手で下へ地を押す。このような動作は、若者の情熱を燃えさせ、天を突いて地を動かすという気魄と意気込みで、前へ勇往邁進することを象徴し、人々をして艱苦に打ち勝つ信念を育てさせ、堅忍不抜の意思で将来の人生のいばらの道と闘うことを養成させるのである。実際私はその後の生活のなかで、青年時代に培養されたこの意識に常に励まされ、人生の旅に出会ったあらゆる困難を克服し、前進途上のすべての障害を乗り超えることができた。～中略～

塾では朝起床してから、体操、点呼、洗面、掃除など、緊張でかつリズムのある活動をした後、朝の自習が始まる。自習時間は約半時間ぐらいで、そう長くないが、一日の朝であるため、精力がとても旺盛で、当時は、私はいつもロシヤ語を自学した。母国の激動時代に教育に携わり、外国語を終生の職業とするようになったのは、思いもよらないことであった。

その時の学校生活を思い出すと、いろいろな訓練科目の活動が頭に浮かび上がる。例えば、武訓の柔道や剣道並びに農訓などは、その趣旨はみな心身の鍛練にあり、農訓に参加して、腰をかがめて、鍬で畑の草を取り除く時には、汗を流しながら、土作りの辛さを知った。その時に児童のころ読んだ

鋤禾日当午、汗滴禾下土
誰知盤中餐、粒々皆辛苦

正午に雑草をすきのぞき、汗のしたたりは作物の苗の生えている土中に落ち込む。
皿にあるごちそうは誰が知ろうか、その粒々労苦によって取り入れたものだ。
という古詩の意味を、自ら体験したからこそ、深く理解した。このような生活があったから、私の一生の中に力仕事に対して飽きていやになることはなかった～中略～

塾生活の中で、一番楽しいと思ったのは交歓夜会であった。厳しくて激しい学習と訓練生活の硬さを弛めるため、一定の期日になると、夜会を催し、これによってお互いの友情を増進させ、心を解け合わせ、皆は思う存分歌ったり、踊ったりした。日本同窓は詩吟を、朝鮮同窓はアリランを歌い、蒙古同窓はジンギスカンを歌った。それに合わせて手拍手をとった。めいめいの十八番が披露されてゆく。勿論、私も例外ではなかった。各氏族の歌の言葉がそれぞれ異なっているけれども、若者の純真さと心の誠と淡白さが現われた。この時ばかりは、最互いに何のへだたりもなく、青年らしい情熱と奔放な情感が発揮された。人生において、最も貴いものは、若き時代の友情であり、それが地域を問わず、空間を超越して得られれば、また時間をも踏み越えて、永久に存続し得るのであった。

歓喜嶺での大学生活を始めてから、光陰は矢の如く、歳月が水のように流れ去って、以来四十七年間になり、この半世紀の間は誠に桑海の変であり、私はいくたびか世の転変を経てきた。人世の変幻は、まるで天地をくつがえさんばかりといっても過言ではないと思う。実に感慨無量である。両鬢が半白になってから、往時の紅顔の美少年たちの純情と友愛を偲ぶと、誠に忘れ難いのである。歴史の激動により、同窓たちは散り散りになっているけれども、歓喜嶺で堅く結ばれた縁の絆でわれわれの心を繋いでいる。

半世紀近くを経た一九八八年、私は建大同窓会のお招きをうけ、同窓の皆様と、東京、大阪で一堂に集まり、旧情を温め、離情を心置きなく語り合い、皆様の情熱に溢れたおもてなしを戴いた。私は青年時代の友愛をつくづく感じ、深く感動せざるを得なかった。

短詩一首を捧げ、よって内心の深情を表したいと思う。

物換星移、流年似水

人生苦短　友誼長存

世の中は移り変わり、歳月は水ように過ぎ去る。

人生は短かくて、われわれを悩ませ、困らせるが、友誼は長久に存在している。

（『歓喜嶺　遥か』上）

十四　訓練・クラブ・班活動など

塾生活の中で、一日の午前は学科に、午後は訓練と自由なクラブ、班活動にあてられた。訓練は正科・必修とされ、武訓では柔道、剣道、弓道、合気道、相撲などが組み込まれ、農業実習の農訓、軍事訓練の軍訓などがあった。

その一方で、学生自身の自由の発想から生れたクラブや班の活動が学園生活を充実させた。学生などの言葉を借りて、その実情を見てみよう。

・「私と剣道」単希平（一期、満系）

一九三八年建大に入学してまもなく武道を習い始めました。～中略～

初めは剣道の基本動作は不器用でしたが、頑張ってやって一年、二年たつうちに段々楽になりました。何年何月何段になったかは今全然忘れてしまいました。とにかく最後は上達しました。忘れられないのはあの夏稽古と寒稽古！　特に寒稽古は朝の太鼓の音に起こされて、外はまだ暗くて、零下三十度、スチームがまだ通らない養正堂に集まって稽古を始めました。寒ければ寒いほど稽古は烈しくなって、叫び声も高くなって実に「天を振わし、地を動れば」です。汗が一杯に出ました。

懐かしい我が青年時期の大学生活、忘れられない苦しみと後の楽しさ。剣道は力を要するは勿論のこと、また根気づよく、リズムのはやいことが大切と思います。勇気、沈着、反応の速さ等の精神修養に役立つのでありましょう。

この意味において、剣道は私の一生の生活と思想に対して影響を与えた点が少なくないと思います。

私は四十余年来風邪を引くことも極く稀です。病気に対する抵抗力はとても強いです。今古稀の年齢になったが、高血圧病以外の病気はありません。

思えば剣道は私の青春時代に精神的に肉体的によい素質を育ててくれました。

良い思い出として養正堂の稽古と剣道の教官と学友を懐しんで、諸先生と同窓の諸君の御健康を祈りつつ筆をおきます。

一九八九年十月十五日　牡丹江において

（『歓喜嶺　遙か』上）

・「相撲部の消長」高山信義（一期）

昭和八年ごろ大相撲東京本部の封建的態度に不満をもった武蔵山、大の里、天竜（註和久田三郎）を中心に関西相撲協会を設立したが、本部の切崩し、経済的行詰りで解散したあと、天竜氏は満洲に移り協和会に入り、大陸の官庁・会社・大学と蒙古相撲との提携を考えて、活動していた。

昭和十三年建大ができ大連等大陸及び日本から大量の日系学生を迎え、星野、尹敬章の熱意に相撲への希望に燃え、指導に力を入れることとなった。満洲の弟子を指揮して土俵作りから、土の選択、六月二十八日土俵開きと諸事万端整えて、盛大な相撲大会が開催されました。試合前に土俵に上った学生の中、際立って大きいのは趙嘉禾、高橋、尹敬章ですが、故人となった星野、藤井、金三守等、計三十数名です。模範試合は趙嘉禾と尹敬章で、行司は私が勤めました。この時は尹敬章の打った上手投げがきまったと思います。

勝負は柔道で投技をもつ高橋三段、尾崎・小林二段等、中垣そして星野等が活躍していました。

二、三期生が入ってからも柔道部兼用選手が入部して、奉天農大、南嶺の兵営等対外試合申込に応じていました。

二期も強い部員が居り、相撲大会で尾野氏三郎君が五人抜の快挙をなしとげました。昭和十五年戦火が拡大、北支進出となったので相撲部は中止となったと思います。天竜氏は終戦後、銀座で天龍という料理屋を開きましたが、経営は順調のようでした。

相撲界では長寿の八十五才まで各界で活躍された由ご冥福を祈ります。

（『歓喜嶺　遙か』上）

・「天馬　空を翔かん」小倉久弥（一期）

生まれて初めて馬に乗った。いや、乗せられた。入学（康徳五年・昭和十三年・一九三八）して幾日もたたない一日、校域の南端、経緯度原点の櫓の辺りで兎狩をや

相撲

「聊か奇抜とみられたのは相撲部であり、これには専門家の天竜関取（註）を聘して、随意の一訓練に加わった。この相撲訓練が腰を据える鍛錬として他の武道訓練に共通する基礎となったことは、予想以上の成功であった。」

（註　和久田三郎　元関脇　相撲界の弊風打破を計って大関大の里等と決起したが、事志と違い、満洲国に渡り、当時、協和会勤務）

（『建国大学　年表』より）

った。見事に仕留めた兎を片手に、蒙古馬に乗せてもらった。

初めて乗る馬だ。貧相な蒙古馬、不細工な固い木の鞍、押し上げられてまたがったけれど、馬上豊かにの感じは湧かぬ。いささか勝手が違う。不安定な乗心地。獲物の兎を左手にぶらさげて、いざご帰館と、弓手ならぬ右手に手綱、馬首を農場棟の方に巡らした。

この蒙古馬、〝ハハン、この若いの、馬に騎ったことなどないな〟と小生を見くびったに違いない。だくをかけた途端、はみを外して鼻先をあげ、一目散厩舎めがけて駆け出した。「騎座をしめろ！」もくそもない。手綱を引いてもききはしない。兎片手に鞍上で踊るばかり。厩舎に駆け込んでやっと止ってくれた。獲物の兎は必死でぶらさげていた。

よくぞ落馬しなかったと冷や汗。

これが馬との初対面、初乗りだった。

騎道部をつくろう。建大では多くの実科が正科としてあった。

軍事訓練、農業実習をはじめ、柔道・剣道・合気道・相撲・弓道・グライダー、それに銃剣道。得手不得手に拘わらず一通りやらされた。正門を入ると正面に「養正堂」があったし、農場には管理棟の他に牛や豚・羊などの畜舎あり厩舎あり一日がかりで一畝《うね》の除草が終らない広大な畑があった。グライダーはプライマリーだけでなく、ソアラーも出来る野っ原があった。～中略～

ふと気づく。兎狩の日の馬との出合い、その向うに大陸の無際限の昿野が広がる。そうだ馬を習おう。騎道部をつくろう。

△馬達よ！　よろしく！

～前略～

厩舎には、時に増減はあったけれど、平均的には百数十頭の馬たちがいた。蒙古馬（満馬）を主に、日本種・アラブ系・サラブレッド系など大型馬が馬房に向い合ってずらり。白系統の多い蒙古馬に対して大型馬は、鹿毛、栗毛、青。騸馬に混って牝馬、中に蒙古馬の牝馬も、この中に名馬もいるかも知れないな。

厩舎には、獣医さん一人、助教さん三人、その下に馬夫と呼ばれる数人の作業員が働いていた。

大同大街の南端西、南湖の南に広がる校域は六十万坪余、二百ヘクタール余り、塾舎、校舎域、農場を除いても、馬を駆けさせるには充分の広さがある。地形の変化もあった。

騎道部の若武者達と。騎道部といっても、難かしい入部規定や規則をつくったわけでない。

行きがかり上、私がお山の、いやお馬の大将役をやったけれど、参加したい者よ集れ方式。長く熱心に続いたか否かだけのもの。日満蒙鮮露系学生たちが適宜集った。～中略～

部員は、馬に乗るだけではなく馬の飼育をしっかりやらなくてはならない。馬体の手入は欠かせない。鞍傷など生じないよう馬具の使用と管理に留意する。馬房の清掃、敷藁の交換もやる。飼付も馬夫たちだけに頼るのでなく、部員もかいば作りから始めよう。蹄鉄の着け方、健康チェック、怪我の手当。傷の縫合くらい出来なくては……。

乗馬と共に、馬耕も習おう。大車も馬車も操ろう。

乗馬の基礎は助教さん方が、しっかり教えてくれた。教科書は騎兵操典、遊佐《ゆさ》名人の著書も貴重な教材だ。

何よりも、習熟体得することが大切だ。

馬は万鞍、馬は愛すべきわが友。蒙古馬も、日本馬も、アラブもサラも。その姿のたくましさ美しさ、大きな眼のやさしさ。

まず馬に惚れ込んだ。

馬の扱い方、乗馬の第一歩から始めよう。～中略～初めて馬に出会い、軍隊式の騎乗法を習うわけだ。先ずは騎座を確実につくらなければならない。

馬場で裸馬に乗って、両膝の内側で馬体をはさみつけて乗ることを体で覚える。脚の使い方、手綱のさばき方。両膝の内側が破れて血がにじむ。

鞍には、蒙古馬に常用する木の鞍、騎兵用の武骨な革鞍、乗馬用の軽やかな草鞍などがあった。どの鞍にも慣れなくてはならない。

「馬は万鞍」という。一鞍とはどの程度の騎乗をいうのか？　万という数は大変な数だ。

馬の臭い　〜前略〜

馬の臭い、厩の臭いが体中にしみ込んで鼻をつく。

裸馬から始まった騎乗は、鞍をつけ馬場での騎乗練習に進む。柵に沿うて並脚から速脚、駆脚と充分こなせるようになる　円、八字も。騎座がきまり脚や手綱の使い方も身についてくる。はみ（馬銜）受けにちゃんとはみをかませての手綱さばきが大切だ。破れて血のにじんだ両膝内側もかたまった。

馬場馬術は難かしい。高等馬術にはまだまだとどかない。パッサージュだの、ピルーエットだの真似出来ない。せめて駆脚の手前変換ぐらいはと脚と拍車の使い方を工夫する。こちらが下手くそなんだな。それにしても、脚がもう五センチ程長ければな……。道は遠い。

障碍飛越はスリルがある。馬に逃げられないように真直ぐに障碍にぶつけることだ。自分自身が飛ぶ心組みで踏切らなくてはならぬ。

馬場を出て野外騎乗に移る。広大な校域は手ごろな修練場だ。隆起あり凹地あり、湿地もあり変化がある。畑リスがのぞいてる。

春夏秋冬、野のさまは変る。その野を仲間たちと往く。速脚で駆脚で、一騎ずつ、密集隊形で……。

サラ系の馬で疾駆するのは壮快だ。六十㎞／ｈほどの速さで風をまいて駆る。まさに天馬にまたがって空を翔く思い。

馬上禅・馬はなかなか思う通りには動いてくれぬ。鞭も拍車も馬を脅えさせるばかりだとなるとつい腹をたててしまう。こちらが腹をたてれば、馬はますます脅えて失敗する。怒れば負けだ。はては己に腹が立つ。何の為に馬に乗る？　ただ好きだからでよいのか？それでどれほど上達出来るというのか？　千鞍で名手とはおこがましい。馬とは何だ？人馬一体とは何だ？　疑問が疑を生む。

禅でも組むか。みんな多かれ少なかれ馬にいらだち、心を乱す。誰いうとなく「馬上禅だ」と。

馬上禅。動中静を求め、己を御し動じない心、かくてはじめて馬を愛する心も本物になるというわけだ。面壁九年の覚悟はよいか。今日一日、一鞍増えて、動中静の心如何。

（『歓喜嶺　遙か』上）

・「グライダーに明け暮れ」山口一郎（五期）

〜前略〜私の建大在学は前期の二年間だけだが、この間、私はグライダーに没頭してい

たのだ。歓喜嶺での生活はグライダー班活動に明け暮れていたということができる。～中略～

私にとって建大時代の忘れ得ない思い出といえば、やはりグライダーに関係あることとなる。その一つは、一期生の卒業式の日、皇帝陛下御来臨の閲兵、分列行進の上空を〝御前滑空〟したことだ。建国大学年表には、第一回卒業式（昭和十八年六月十二日）の〝分列式御閲〟の項（四一五ページ）に「配属将校小松大佐の指揮刀一閃、建大一千の健児らの分列式は、卒業生大隊長小林軍治を先頭に歩武堂々と展開され、分列式の終わる頃、学生操縦の滑空機は御前の爽風を截って滑空」と記されている。この滑空機を操縦したのが私であった。

滑空機については、サラリと一、二行ふれているだけだが、その実行計画と準備は、太田、山田両教官以下、滑空班では時間をかけて入念にやった。詳しいことは忘れたが、当日使用したのは中級機（セカンダリー）で、自動車固定の鋼索巻き取り曳航方式の滑空だった。閲兵、分列行進の行われた台地と滑空訓練場との間には谷間があった。したがって、両所間にはかなりの距離があった。このため、可能な限りの高度を得る必要があり、曳航鋼索を全部のばしきった状態からスタートした（平常訓練では絶対やらないこと）。また分列行進が終わりかけるころ、グライダーがその上空にさしかかるよう、時間を逆算してタイミングよくスタートすることに苦心した。早くても遅くてもいけない。

幸いというか、当日の風向き（グライダーは風に向って引き上げられる）は、事前にいくつも想定したうちの最良に近い方向だったので、〝谷間に不時着陸〟などの事態は避けられた。しかし、８の字旋回、Ｓ字旋回等のどの課目にも相当せず、多くの情況判断と間髪を入れない応用動作の連続を必要とする滑空なので、極度に緊張した。所期の通りの滑空を終え、農場の建物の上をかすめるようにして滑空場の草原に滑べりこんだ時には、大任を果たし終えた喜びで、急に気持が高揚したことを思い出す。若かったのだ。

この時、私は入学してまだ半年足らずの前期二年生だった。その新入生に、このような大役がなぜ与えられたのか。それは私がハルビン中学校時代にグライダー部活動に加わり、既に高級機（ソアラー）練習の段階まで進んでいたからだった。ハルビン飛行場で、当時の満洲空務協会がドイツから輸入した〝ビュッカー・ユングマン〟という複葉の練習機に曳航されて上昇し、高度二、三百メートルで離脱して、〝場周滑空〟をしながら降りてくる、という高級機として初歩の訓練に入っていた。私としては建大でこの続きをやりたかったが、建大では滑空班全体としてまだその域に達していなかった。したがって、私がグライダーに没頭したといっても、自分の技術向上のための練習はほとんどなく、教官の補助的なことばかりやらされていた。～以下略～

（『歓喜嶺　遙か』上）

建国大学写真集より

○農業班

農事訓練を経て学生達は自主的に農業班を組織して、豚、鶏、馬などの世話から広大な農地の開発まで情熱を傾けて取り組んだ。

その時、学生が口にしたのは宮沢賢治の有名な詩であった。

雨ニモマケズ
風ニモマケズ
雪ニモ夏ノ暑サニモマケヌ
丈夫ナカラダヲモチ
欲ハナク
決シテ瞋ラズ

十四　訓練・クラブ・班活動など

「昭和13年5月9日㈪午後の授業は農業であった。4時間ぶっつづけ。しかし、楽しく愉快なものだ。」
これは、故長野直臣（第1期）の塾生日誌の一節である。開学式の日から僅か1週間目である。

「農事作業は苦しかった。特に炎暑の下での作業は苦しい。畝の長さは何百メートルあったのであろうか。見渡す限り全く畠である。季節によっては一週間連続、朝から夕方までの作業がある。しかし、私はその苦しさの中に言いようのない悦びを感じた。」（第8期　藪敏也）

建国大学写真集より

イツモシヅカニワラッテヰル
—中略—
そして「精神歌」

㈠日ハ君臨シ輝キハ
　白金ノ雨ソソギタリ
我等ハ黒キ土ニフシ
　マコトノ草ノ種マケリ

㈡日ハ君臨シ　穹窿ニ
　漲リワタス青ビカリ
ヒカリノアセヲ感ズレバ
気圏ノキハミ隈モナシ

㈢日ハ君臨シ玻璃ノマド
　清澄ニシテ寂カナリ
サアレマコトヲ索メテハ

白亜ノ霧モアビヌベシ
㈣日ハ君臨シカガヤキノ
太陽系ハマヒルナリ
ケハシキタビノナカニシテ
ワレラヒカリノミチヲフム

すべての作業は学生の自主的なもので、学校は一切干渉しなかった。この農業班についての学生の思いを二、三取り上げてみよう。

・「深き思い」崔在昉（二期、鮮系〈朝鮮〉）
～前略～農訓の先生として現れたのは、藤田松二先生だ。綿入れの厚い作業服は、尻に白い手拭いをたらし、三角のワラ帽子をかぶり、地下足袋姿の先生はその近くの満洲の農民とそっくりだ。違っているのは、ただに日本語が話せる農民ということだ。

最初の言葉が「鍬を持ってこの畠を掘るのだ。真っすぐに、高粱の種子をまく深さに掘るんだ」。われわれはいさぎよく元気に作業を始めた。ところがだんだん前に進むにつれ、一人二人と座り込む者が出始め、半分も行かないうちに、多くの学生は手足や腰が痛くなり、その場で休みだした。それは作業を始めて約二時間もたったころであっただろう。その時、怒鳴りながら走ってくる人が見えた。それが藤田先生である。座っていた者は一斉に立ち上がった。「作業中止、皆集まれ」の命令だ。皆が集まった。先生の第一声は「今もこの瞬間に、同胞は血を流し死んでいっている現実を、どう解釈するのか。三度の熱い御飯に、良い環境の寝床に暮らす貴様たちは、口には指導者云々を唱えて、行動は遊蕩児式、ただ行うだけで指導者になれると思うか。農民は一年中畠を耕し、それで一年中の食糧、子供の教育費、住居費、税金などの全てをまかなうんだ。それに政府の役人は、何かにつけて机上で考えて勝手に、増税を平気にするのが、如何に残酷であるか知るであろう」である。

少し分かりそうで、分からない話だ。あまり金や物に不自由せず、学生生活しか知らない青年には、観念的な話はうなずけるが、身にしみる実感が出ない。あの畠の畝一本々々を学生が耕すのに四時間かかるのに、満洲の農民は、専門的・職業的技術者だから勿論無理もないことだが、四時間に二本も耕すのだ。先生の言葉では、あの農民の指導者たらんとする者は、同じ飯を食い、同じ環境で一緒に暮らし、同じ休息をとり、四時間で二畝以上耕す能力を持たねば、指導者にはなり得ないという。深刻な話だ。

それで、誰が勝つか、誰が負けるかの勝負に挑もうと農業班に入り、朝に晩に農民や藤田先生と語り、仕事も一緒にし、真の〝知行合一〟を身をもって体験した。～中略～今思うに、あの氷点下三十度前後になる朝に、よくも農場に通い続けたものだと、自分ながら頭が下がる時がある。その時の持久力・知行合一の生活が、懐かしい思い出となる。

しかし塾生活では、誰もが満洲国建国の由来を確答する者がない。藤田先生に尋ねると、石原将軍に会ってみる方がよいとのこと。前期一年か、二年の冬休みに、京都で石原先生に単独面会、朝鮮併合の不合理から満洲独立の偽瞞など、怪しく不合理だと思う点をざっくばらんに、単刀直入に質問し、延々と三時間に及ぶ討論をした。あの時は、理想に燃えていた学生であり勇気百倍だったが、石原先生は私の質問に親切に答えてくださり、今も感謝に耐えない。～中略～その当時は、真の愛国者は石原先生の東亜聯盟論に賛成していたのであろう。彼はこの青年学生が、満洲国もだんだん第二の朝鮮になりつつありますと言うと、非常に悲しそうな表情で、私を見つめていたその顔は、今でも忘れられない。

日本が日華事変を起こさず、第二次世界戦争を起こさず、満洲をアメリカ合衆国式に育成したならば極東の繁栄は今すさまじいものになったであろう。～後略～

（『建国大学入学五十年記念誌』二期、一九八九年四月十一日刊行）

・「農作業とジャガイモの味」　清島重信（五期）

～前略～朝のしじまを突き破って打ちならされる太鼓の響き、これが起床ラッパとは驚いた。養正堂を核として放射状に並んだ八紘塾、前期一年間、この赤レンガの空間が我々新入生の起居生活の場であり、寝食をともにする二人の指導学生の薫陶を交えての心身鍛練の道場でもあった。不言実行、つねに溌剌とした行動は心に訴えるものがあり、我々は、この先輩を兄のように心から尊敬した。

農場は、流石に六十五万坪のキャンパスの中央を占めるだけに、規模雄大であった。牛・馬とも数十頭。これらが放出する糞は、それこそ貴重な有機肥料である。この農場は、ジャガイモ、南瓜、トウモロコシ、大豆、高粱など、我々塾生の食料として米以外にできるだけ多くのものを耕作していたように思う。

真夏の炎天下、土の匂いのする作業服姿の藤田教官は、学生を円形に集め、扇形鍬のチュートーと称する農具を握って、「今日は高粱の間引きをおこなう」と、見事な手捌きを示したのち、牛馬糞が堆く積まれた場所に移り、「堆肥のやりかたは…」といいながら、いきなり糞の中に手をつっこんで一握り掴むと、皆の前に差し出し、「こうやって」と、実技模範を示されたのには、みな一瞬度肝を抜かれ、ややあって指導者たるものかくあるべし、との感を深くした。

遙か彼方まで続く高粱畑の畝に沿って、間引きと除草をくりかえしながら往復すること数回、汗が額にしたたり落ちるころ「休憩」の合図。広場には直径一メートルもある竹製笊にこぶしほどの、ほかほかに茹だったジャガイモが山盛り二杯。教官を囲み、談笑しながら食べた。あのジャガイモの味は、今でも忘れられない。広大な大陸の地平線を遙かに望む歓喜嶺に共学・共働の実があるものと信じて疑うことはなかった。～略～

（『歓喜嶺　遙か』上）

・「農場通いの毎日」原田修（五期）

～前略～私にとつて、建大での思い出として一番強く残っているのは、農業班のことである。王道楽土を目指し、五族協和の礎は農にある、との考えで農業班に入り、学業や武道訓練以外の時間は、専ら農場通いの毎日であった。

藤田先生の先が三角にとがった笠をかぶり何時も黙々と鍬を振っておられた温容には、無言の教訓を感じたものである。また、馬に乗って悠然と農業を見回っておられた様子は、今も目に浮かんでくる。

大陸の夏の日は、なかなか暮れず、作業は、延々と続いた。足腰は痛く、腹はペコペコなのに、一向に「作業止め!!」の声はかからない。こちらも「なにくそ!!」と我慢してやっていると、腹もへり切って空腹を感じなくなり、体の疲れもわからなくなってくる。九時ごろになって、手足だけが慣性的に動くようになり、気持も楽になって、ようやく作業止めの号令がかかる。

収穫期には、皆で取りたてのトウモロコシやジャガイモを大釜に一杯ゆで上げ、暖かい大地に車座になって、腹一杯食べたときの味は、実にうまかった。満腹になると、大の字に寝ころび、西の空に目をやると、遙か彼方の地平線に、真っ赤な大きな、大きな夕日が静かに沈んで行く。辛い作業を終えた解放感とよろこび。腹一杯になった満足感に浸りながら、その夕日を眺めていたものだ。農業訓練を通して培われた忍耐、持久力は、社会に出てから私のバックボーンになっている。～略～

（『歓喜嶺　遙か』上）

・「歓喜嶺遙か――農場――」藪敏也（八期）

～前略～入学後間もなく、食堂の掲示板に横に長い壁新聞が張り出された。前後の文章は記憶にないが、その中心は宮沢賢治の詩一篇であった。この文章は、新入生の農業班――今のクラブ活動の一種――への加入を勧める文章であった。私は即刻加入しようと思った。その詩は次の如くである。

雨ニモマケズ
風ニモマケズ
雪ニモ夏ノ暑サニモマケズ
丈夫ナカラダヲモチ
欲ハナク
決シテ瞋ラズ
イツモシヅカニワラッテヰル～以下略～

毎早朝、食堂で昨夜の残飯をもらう。農場に飼ってある豚の餌である。その残飯を二抱えもある大鍋に入れて友人とかついで行く苦しさ、肩の痛さ、食堂から農場までの距離は遠く、途中はかなりな急坂である。そして寒さは厳しい。二月の季節では零下十度、二十度である。三十度のこともあったと記憶する。

私の係は豚小屋である。はじめて豚小屋に入った時、私は仰天した。豚が黒かったからである。長い黒い毛が身体中に密生している。その上、痩せて腹が垂れ下がっているのだ。私は本当に驚いてしまった。それまで、私の脳裏にあった豚の観念は、白くて円く、コロコロしたものであった。

早朝の仕事が終る頃、大雪原の彼方、薄明に霞んでいた地平線が段々と紅色に染まってくる。太陽がゆっくりと顔を見せてくる。地平線から現われる太陽をはじめて見た私は、茫然としながらそれを見守った。やがて円満具足の姿が、ゆらゆらと東天に立ちのぼる。冬のこととて、それはぎらぎらした輝きではない。紅の薄皮を蔽ったような静かな暖かさを漂わせている。それが地平線を離れて、段々と中空へ移動して行く。私は幼少の頃から、太陽のことをお日様とかお天道様とか呼び、毎朝、太陽に向け礼拝する習慣を持っていたが、この時の光景は崇高そのものであった。この光景に接して以来私は、以前にまして深く敬虔な心情をもって手を合わせるようになった。～以下略～

（建国大学九期生、平成七年五月二十一日発行）

○植樹班

植樹班のそもそも、どんなきっかけでできたのか、ということになると、なんといっても御大、岩淵（註　克郎、一期）さんをおいて語れません。

岩淵さんの話

〝私が建大に入学したのは昭和十三年、そのすぐあとの九月に、いわゆる馬小屋事件※（註）をおこした七人の一人だったが、私は農学校卒業生として、同級生のだれよりも農業を知っているとの自負もあり、藤田先生のあの強烈な人柄にひかれ、満洲の土になるためには、農民の生活を知らねばならんという気になっていた。だが一面、私には文学的な、詩の心というか、それが宮沢賢治にあらわれてくるのだが、同じ農業に関係していても、詩的なものにあこがれる面があり、それが植樹につながって行った。

その前に、建大に入った最初のころは、歌を作っても国士気取りで、威勢のいい歌ばかり作っていたし、大陸に骨を埋めるつもりでおった。ところが緑もない、草の根までむしりとるような荒れた土、蒙古風が吹くと黄塵万丈の世界、口では満洲の土になるといっても、これでは死んだあとまで寒くてたまらないだろうと、なんとも淋しくなった。緑のない国に生命を託せるだろうか。かつては大森林にかこまれた大地だったのに……こんな気持をもっていたのも事実だった。

こんなことを思い出して、塾誌『建国』（第三号）に載った「校内造園計画」を読んでみたら、そんな気持がちゃんと書いてあった。〟

岩淵さんがこういって読み上げた同誌のくだりは次のとおり。（かなづかいは原文のまま、字体は新字体に）

〝新たなる故郷を営む心を以て観る時、最早この国の自然をこの儘に於ては謳歌することが出来ない。我等の子孫の生命を委ぬべき風土に対する愛惜と憎悪とは年と共に熾烈を加へる。～中略～

噫山の頂まで耕し地被物まで奪ってしまふ農業国が何処にあり、沃野が何処にあらう。しかも尚他人をして沃野農業国を思はしめるものがありとすれば、それは遠い昔の樹海の頃の恩恵である。しかしその恵みも今や消えなんとしてゐる。国は青年であるが地相は既に老年期である。灰色のかさかさした皮膚が見えないと言ふのか。昔カルセーヂ人は本国ローマを凌ぐ文明に栄えたが、奢れる者の自然への冒瀆は森林を濫伐して飽くことを知らず、遂に自らはサハラの流砂の中に没したと言ふ。顧みて我々はこの国土の黄塵を何と見るべきか。対策を講ずべきは今である。自然を犯せる罪を贖ふ時は今である。如何に建国の意気が旺であっても、この国土が死んでしまったならどうならう。〟

〝この文を読んでみると、ほんとにそんな気持だった。なんとしても木を植えなくちゃならないという気持になって、だれに一番最初に話したかちょっと思いださないが、とにかく肝胆あいてらした湯治（註　万蔵、二期）に話したことはまちがいない。湯治が私に、私よりなお何倍もの情熱で語り（「そうだろうな」とみんな感嘆することしきり）やりだしたことを覚えている。〃（『歓喜嶺　遙か』上）

〈※〉馬小屋事件

〃口火を切ったのは六塾（註　一期）だった。馬小屋に泊る。授業に出ない。……藤田先生（註　松二）の指導に最も深い感銘を受けた塾生七名が農業生活を通じて修練を積み、理想的な農村の育成を通じて建国、建学の理想を実現せんとの主旨の下に、その立場から当時の建大生活に慊《あきた》らず、塾生活を離れ厩舎（当時農場と共同、その管理下にあり）に籠城し、そこより学課訓練に通う。約一ヵ月半にて帰塾〃（『年表』昭和十三年九月二日記述等）

▽壮大な造園十ヵ年計画

塾誌『建国』第三号所載の「校内造園計画――造園委員」には、別掲の「校内造園実施計画一覧表」と同「計画図」が掲載されており、その実施第一年度は康徳九年、つまり昭和

十四　訓練・クラブ・班活動など

学園緑化　―植樹班の活動―

この上のどろぼうがあろうか／草の根までかきむしる／十年の我慢が出来ぬといふのか／爪を切るやうに切って挿せば／それでよいどろの木なのに……

第１期の岩淵克郎は、緑の少ない学園を見渡してこう歎いた。農学校出身の彼は〝植樹班〟の結成をよびかけた。声に応じて集まった第２期　藤森孝一、湯治万蔵、第３期　中尾新六、松井勲等が中心となり、全学を動かす緑化大キャンペーンが展開される。昭和 16 年初冬である。新京特別市公園科長佐藤昌氏の来学を求め、10ヵ年計画による建国大学緑地計画の確立をみた。

凡例
1 教練城県グライダー場
2 農園
3 苗圃
4 馬場
5 光栄の森
6 防風林
7 庭球場
8 籃球場
9 排球場
10 野球場
11 運動場
12 射撃場
13 相撲場
14 弓道場
15 花壇
16 池

校内造園計劃図

校内造園実施計画一覧表

年度	苗圃	防風林植林	庭園・土木	備考
1 康徳九年	どろ挿木三〇、〇〇〇本 いたちはぎ（実生） くるみ（実生）		養正堂前庭地割・植込 前期塾前庭植込 主幹道路工事	建国十周年記念事業
2 康徳十年	どろ挿木三〇、〇〇〇本 実生		光栄の森造園 前期塾前庭植込 主幹道路工事	註1 苗圃の詳細なる経営計劃別に作成してあるもここには示さず
3 康徳一一年	どろ挿木五〇、〇〇〇本 実生	二五、〇〇〇本	光栄の森造園 角道道場工事及附近の植込 後期塾舎附近植樹	
4 康徳一二年	どろ挿木五〇、〇〇〇本 実生	二五、〇〇〇本	第一前庭植込 池工事及附近の植込 医務室附近造園	
5 康徳一三年	どろ挿木五〇、〇〇〇本 実生	三〇、〇〇〇本	第二前庭植込 池工事及附近の植込	
6 康徳一四年	どろ挿木五〇、〇〇〇本 実生	三五、〇〇〇本	神社建立神域の植樹 納骨堂建立及附近の植樹	建大創立十周年記念事業
7 康徳一五年	どろ挿木五〇、〇〇〇本 実生	三五、〇〇〇本	中庭植込 前後期塾舎間の中央凹地高台池附近を含む	註2 この中庭を見本園乃至植物園として造園するも一興ならん
8 康徳一六年	どろ挿木五〇、〇〇〇本 実生	四〇、〇〇〇本	中庭植込	
9 康徳一七年	どろ挿木三〇、〇〇〇本 実生	四〇、〇〇〇本	運動場工事及附近の植込	註3 仮運動場は速に設ける必要あり
10 康徳一八年		四〇、〇〇〇本	運動場工事及附近の植込	

校内造園実施計画一覧表

十七年（註　一九四二年）からの十ヵ年計画で、毎年二万本から三万本の防風林造成の植樹計画のほか、養正堂、前期塾の前庭の植込みや、実現をみなかったが、池工事、運動場、中庭の植込み、納骨堂建設、植樹など、遠大な計画の記載がある。

岩淵さんの話「昭和十七年が計画の第一年度となっているが、この前の年には実施計画ができていた。『建大年表』の昭和十五年四月十九日には、

〝「午前中苗木取り。午後校内植樹」とあり、このころからさかんに挿木をやっていた。徹夜で三万三千本の挿木を作ったのを覚えている。

先生方の官舎では、花の咲く木を植えて庭造りもされていたし、各塾でもなにがしかのことをしていた。食堂の奥を、光栄の森にしよう。農場との間の凹地に池をつくろうなどと空想を語りあったが、私はあの蒙古風にさぞ参っていたのだろうね。防風林計画を強力に主張し、計画の中の最大のものとなった。大同大街から奥の方は二百米幅の防風林にし、その前・両側は百米でがまんし、大同大街のメーンストリートに面した所は、きれいな庭にしようという計画だった。〟

〝この造園計画は、学校当局の校内建設の気運を喚起し、学校の正式な造園委員会の設立

にまですすんだが、一番力になってくれたのは、市の公園課の人たちだった。われわれ素人の夢のような、ただ熱意だけの計画に感心して、ほんとうに助けてもらった。「計画」書の最後には、その何人かの人たちの名前をあげて、お礼のことばが付記してある。〃

〃この造園計画には、われわれの『夢』がこう書いてある。

「～前略～くろぐろと広がった大森林は風にいどんでごうごうと鳴っている。最早やここには黄塵も飛来しない。気圏は葉緑素の吐き出すオゾンで一ぱいである。この健康な森林の中に新しい現代の学問が生れ、未来を背負うアジアの民族の選手達が、走ったり踊ったり合唱したり。歓喜嶺おお！　ここはまさしく第四次元の世界である」と〃

〃日本の大学にもいろんなクラブ活動があるが、われわれの植樹班のような風変りな活動はまずなかっただろう〃（岩淵）

という話から、～中略～いくつかの話題を紹介しよう。

▽自主的自発的な活動

「こんな大きな計画の経費・お金はいったい学校から出ていたんですか」の質問から始まった。

「いや、勤労奉仕という語さえふさわしくないほど、わが家の庭を作る気持ち、学課訓練の余暇に孜々《しし》として努力しようというものだった」

「食事の時に、岩淵さんや湯治さんが、〝注ー意ー〟と大声で動員の号令をかけていたものね」

「学校もいいことだから黙認していたんだろうな。声を高くして呼びかけてくれた先生は、新田（註　伸二）先生、原田（註　種臣）先生、それから塾頭の元締めのような石中（註　廣次）先生、青本（註　敏彦）先生ら。それに農場の高田（註　信一）先生、市の公園課に紹介してくれたのは高田先生だった」

「挿木するドロ柳の枝は、街路樹や公園の木から切ってきたが、公園課へ行って、街路樹の整形をしてあげるから枝を下さいという調子で切らしてもらった。そして農場の馬車、大車《ダアチョ》に山と積んでもらってきた」

「ニレは実生からも育てた。ドロ柳やニレだけでなく、花の咲く、うるおいのある花もほしくて、千島ザクラを買ったのかもらったのか、持って帰って植えたこともある。農場を馬で回るような、古武士風の業者だったが、満洲でもブドウがとれるぞと教えてもらった」

「食堂入口の右側にライラック（リラ）を植えたが、この美しい名前の木をはじめて知ったのでよーく覚えている」

「アンズの木の畑も作った」

「暖房の石炭の燃えガラを敷く作業はきつかった。ホコリが目に入ろうものなら大変。作業に入る前に、あのずんぐりした湯治さんが、ゴビの砂漠まで緑化するのだという話をきいてコロリと参り、植樹班にかかわりをもつようになった」

「日が暮れるまで作業して塾に帰り、冷たく固まった高梁がゆを一人で食べていると、なぜこんなことをしなきゃならんのかと淋しく思うこともあったが、われながらよくやったと思う」

「よく歌っていたという宮沢賢治の『精神歌』、とくに二番、三番がよく歌われていた」

「昔は大同大街に立てば、新京駅のはてまで見えたが、長春の街は、建物も見えない森の街になっている。剪定しないからものすごく大きくなっている」

▽湯治さんからのメッセージ

建国大学植樹班の集ひに寄せて祝ふ

どろの木のさしきを年《とし》に五万本作り植ゑむと老岩淵《ラオ》は

集ひくる植樹のともは国生みのくにの始めのますらをの伴

歳歳にやちぐさの木をここに植ゑやがて起さむ樹海の波を
年ごとにゴビへサハラへ樹の海の波を送らむますらをの夢
岩塩をふくむ砂漠は水もなく夢かあらぬか樹海の波は
国生みの歓喜ヶ丘にみだれ咲く草木をゴビへ祈りしは夢か

▽**「建大年表」から**
昭14・4・20　午後植樹
〃15・4・19　植樹節　午前中苗木取り、午後校内植樹
〃16・4・19　植樹節勤労奉仕。協和会主催にて本学に於ても学園緑化に全学参加
〃16・11・5　学園緑化計画。実地測量、十箇年計画による建大緑化計画の確立をみた
〃17・4・5　午前中、植樹作業
4・17　全学挙げて浄汗奉仕。造園計画進捗面目一新
4・22　放課後、全学一九時まで植樹作業
4・23　植樹節。午後二時植樹完了（光栄の森、養正堂前、馬場西側苗圃）
〃18・3・25　建大造林植林十箇年計画第二年度春季作業開始
4・16　本館前勤労奉仕作業終わる

4・20　植樹節の勤労作業
4・21　十箇年計画第二年度春期作業終了式
昭19・4・20　植樹節。午後、全学生植樹作業
〃20・4・20　植樹節

▽各期会誌などから

「むかし歓喜嶺で、お互い、中尾、松井両植樹委員に叱咤され乍ら、ドロ柳などを植えて荒野を緑にしたあの体験……」（「緑化屋稼業に転職の弁」新三期阿部〈註　康男〉）

「（昭和十八年）四月十日　草の青芽がめだつ。植樹節。午後二時より作業。本館前植樹、苗圃植樹、神社敷地植樹、植樹、樹を植える民、日本人。植樹こそ端的に大陸の日本人の心情を表現するものであろう。黙々として、ただ一筋に一木一草に打ちこんで植林を営んできた。しかもその成果を一身一代に期待することなく、大いなる永遠の栄えを想いつつ、自らをすてて働いているのである」（四期森崎（註　湊）日誌）

「植樹班に移り、〝緑化〟の語にこめられた理想境の夢を追い求め、建大を離れるまで所属した。ここでは愛すればこそ美しくすべきことを学んだ。知る人ぞ知る、炊事も衛生委員も植樹班も、必要なら時間は制限なしの仕事を認められた」（四期田中〈註　穰二〉）

「〝祖国緑化〟のスローガンが時折車窓から眼に入る。道路という道路は両側とも並木道である。我々が四十年前に植えた木々も大きく育ち南湖の森を作っているし、旧大同大街の並木も両方からさしのべる枝が路面を覆うほどになっていた」（四期井馬〈註　煌一〉）

「街全体が森林の感、南湖も長春第一の森林公園となり、かつての茫々千里の国原は、見ようとしても見うけられない」（四期鶴見〈註　靜雄〉）

「閉学式のあと沈淪の中に沈む夕陽を背に歓喜嶺を去った。私の挿木した楡や揚柳でこの丘が鬱蒼とした杜の学舎となるのは何時のことであろうか。二度と相見えることのない塾舎を振返り、振返りながら、初秋の気配に静寂なる南湖の水面に、あふれる涙を押えることができなかった」（七期鈴木〈註　正也〉）

「これがあんなに広かった建大なのかと思いましたね。……いろいろな建物が建ち、樹木も生い繁り、残念ながら地平線の夕日は見えませんでした。赤い夕日は木の頂上でおしまいです。…ただ農場あとも大木が亭々とそびえ、かつての面影は感じられませんでした」（七期片桐〈註　松薫〉）

「正門あたりの、茫洋とした、気宇壮大な、あの大陸的展望が、ぐんと伸びた樹木に遮られて、全く昔を偲べなかった」（七期森〈註　正見〉）

（以上・『歓喜嶺　遙か』上）

建大に入学して蒙古風の洗礼を受けて、六十五万坪の大草原に黄塵と強風が舞い大ショックを受けた日系学生、そして大草原の彼方に巨大な夕陽が沈む光景に感動した日々、その六十五万坪の学園に学生が蒙古のゴビの砂漠まで緑の大地にと植樹をはじめた。昭和十四年（康徳六年、一九三九年）から、昭和二十年のわずか六年余りであった。戦後、歓喜嶺を訪れた日系学生が目にしたのは、緑したたる大地で、もう赤い夕陽を草原の彼方に望むことの出来ない、見事に成長した木々に大地はおおわれていた。ゴビまで緑の夢は、日本敗戦で果せなかったが、歓喜嶺の大地に緑は甦っていたのである。

○炊事班

学生食堂の管理、運営を学生がやるなどということは、大学教育の中で前代未聞。それが建大で実現、実行されたのである。

そのきっかけは、建大の学生食堂の経営主任職員の不正事件であった。その主任が妻の名儀で下宿屋、あるいは旅館を営んでいて、その学校名儀で切った伝票の食品を横領し、自家の営業用に振り向けていたというものであった。

昭和十四年（康徳六年、一九三九年）の暮近くこの事実を一期の満系（中国人）劉沛泉（後に茗柯と改名）から、一期の植樹班の提唱者岩淵克郎が聞き、劉、藤井謙二（註　一期）と三人で食堂主任がクビになった後の食堂のあり方について相談した。この三人は登張竹風先生の宅をしげしげ訪れた仲間であったと岩淵はいう。

相談の結果、食堂の経営に学生が加わり、食材の購入から食事づくりまで学生が参加することになり、最初各塾から一名の炊事委員を選出することになった。任期は初めは六ヶ月、それから三ヶ月などで、炊事当番は一週間だったようだ。

食事そのものを満系の炊事人と共に作った。学生には回教徒もおり、白系ロシア人も在籍していたので、炊事委員はすべての学生が満足するように配慮して食事をつくった。豚を口にしない回教徒には豚抜きの、ロシア人たちには時にパン食というように。

学校側は一切口を出さずに食費を学生に渡した。この炊事委員は大学閉学の昭和二十年（康徳十二年、一九四五年）八月二十三日まで続けられたという。

次に岩淵克郎の回想を見てみよう。

・「炊事委員　事始」岩淵克郎（一期）

〜前略〜たしか昭和十四年（康徳六年、一九三九年）の暮近く、学生食堂の経営主任の職員（日系。あるいは請負人だったかも知れない）某氏の不正事件が発覚した。〜中略〜

この事情をいち早く私に伝えてくれたのは、劉沛泉（後に茗柯と改名〈註〉満系・中国人）君であった。結局その食堂主任は馘首されたが、この問題を藤井謙二君を交えて検討した。〜中略〜

種々検討した結果、塾生活の意義は、一つ釜の飯を共に食うというところに基本があるのだから、その食事を塾生自らの手で作るようにしたらさらにその意義が深まろう。塾生が食堂の経営に参加することにより、食堂の経理が公正になり、冗費の節約にも繋がり、充実した食生活を楽しめよう。また食堂の清潔も保持されよう。われわれの工夫、実習が、五族協和の新国家にふさわしい国民食の創造に役立つかも知れない。炊事という労務を塾生活の中に組み入れることは、禅寺における典座の修行を自らに課すると同様、訓練にも役立とう。

よいことずくめである。よし、やろう。ということになり、一期生各塾から一名あての炊事委員を選出する。下級生各塾からは輪番制による炊事当番を出すことにする。炊事委員は、炊事当番及び炊夫を指揮監督し、食堂の自主的管理運営に当る（具体的には、献立の作成、材料仕入れの指示、伝票の整理、食堂内外の清掃、炊飯、調理、配膳、食器類の洗滌《せんじょう》、跡片付け等)。という構想を樹て、塾頭を説得し、学校当局に建議してもらうことにした。

私たちの炊事委員構想に特別の好意を示してくださった塾頭は、新田(註　伸二、助教授)、中村(註　三郎、助教授)富木謙治教授、原田(註　種臣、教授)の諸先生方であったと記憶している。

幸い、この炊事委員構想は学校当局の容認(あるいは黙認だったのかも知れない)するところなり~中略~

建国大学は独創的な大学であったから、炊事委員などという突拍子もない委員制度が生れたのだろう。といえばそれまでのことであるが、民族協和の実践を、一つ釜の飯を食う塾生活から出発した私たちが、その釜の飯を自ら炊《かし》ぐことまで掘り下げねば意義がない、とした着想は、きわめて自然ななりゆきではなかったかと思う。ともあれ、炊事委員という実践活動は、私たちの胃袋を鍛え、いざというときの自活のエネルギーを養うのに役立ったことは事実である。

(『歓喜嶺　遙か』上)

○衛生委員

林田隆は三期（昭和十五年、康徳七年、一九四〇年）入学だが、九月に大喀血、十月に帰国、三年の療養生活を経て、一九四三年（昭和十八年、康徳十年）四月に復学、六期の九塾に編入されたが、人並みに行動できず、やむなく医務室のベットを一つ与えられて生活することになったという。

林田隆の「医務室の思い出」（『歓喜嶺　遙か』上）の中から建大衛生委員をみてみよう。

〝～前略～一人で閉じ籠っていると何故役立たずの身で戻ってきたのか、建学の精神に添うような体になれるのか等々煩悶が脳裏を駆け巡るので悩んでいた時に、軍医の小原（註徳太郎、建大医官）医官が医務室の責任者として来られ、精神的に実務的に大変な指導を受けたのでした。～中略～

ベッドからはい出して便所、病室、治療室等々の掃除から徐々に体を慣らして行ったのと、恢復に応じて責任を持った仕事が与えられたのと、訓練に出なくても建大生の健康管理に役立つ仕事が建大の盲点であり、お前の重要な任務なのだという小原の厳しい指導が、精神的な救いとなり体力の恢復が目に見えて進んだように思う。

何時のまにか微熱もとれ、忙しく動き回ることによって体の倦怠感が薄れ、大学が学生の健康管理に力を注ぐようになり、医務室に若い夫婦が住み込んで病人の特別食を作ったり、掃除を行なうようになり、医務室は見違えるように充実し綺麗になったのでした。小原医官、寺田（註　剛、助教授）先生の発案で学内に衛生委員組織を作ることになり、各塾に責任者を決めて予防衛生、病人の世話、医務室との連絡等を行うことになり、本格的な健康管理態勢が確立され、私は医務室で総合管理をすることになったのでした。

正確でないかもしれないが私の記憶に残る衛生委員は、篠塚、高松、片山、富樫、山下、和田、杉浦、鈴木、唐井、富樫、木村、大橋、伊藤等々の諸兄でなかったかと思う。（写真の中から抽出したので落ちている人にはお詫びします）～中略～

不思議なもので殺風景だった病室が綺麗に整備されると、入院患者が段々と増え、小原医官の方針で伝染病の疑いのある者は塾生活から早く隔離して徹底的に治療を行って早く復帰させるようになってから、入院患者の回転が早いかわりにベッドも忙しくなり、衛生委員も多忙のようでした。～中略～

学徒出陣の時のマラリアの治療、健康診断等々超多忙を極め、取り残される寂しさも紛れてしまったが、体力の恢復するにつれて気持ちの焦りを感じ、軍医を胡麻化して陸軍特別甲種幹部候補生に合格し、入隊した友人たちの後を追って、久留米の予備士官学校に入隊したものの、無理がたたって一年足らずで栄養失調症で練兵場で意識不明になり、久留米陸軍病院に担ぎ込まれてしまったのでした。

病院と寿命は必ずしも一致しないと信ずる私は、悪運の女神に再び救われたのでした。

～中略～

嬉しかったのは小原医官が金沢の故郷に元気で帰られたという知らせを受けたときでした。

早速医務室の数人と連絡を取り、横浜の拙宅に小原医官と付添の人を招き、建大医務室の友人仲間数人が集まって「懐古の宴」が持たれ、旨いご馳走は無くても苦心して集めた酒を飲みながら、時の経つのを忘れて話がはずむのでした。

この数日が小原医官との最後の別れで、お墓に花を手向けて医務室時代に受けたご指導に心から感謝申し上げたのでした。〟

十五　支那事変一周年の日

石原莞爾建国大学で語る

一九三七年（昭和十二年、康徳四年）七月七日に起った支那事変では、時に参謀本部第一部長（作戦）であった石原は全力をあげて事変の不拡大を主張したが、拡大派に関東軍参謀副長に追いやられた。

その石原が支那事変から一年目の七月七日に、石原の着想から生れたとされる建国大学で講演を行ったが、それは石原の本心でもあった。

その時、塾頭であった江原節之助はこう回想する。

〝石原は建大に講演に来て、開口一番「日本人学生と満人学生に深くお悔み申上げます。

親が喧嘩し合っているので、その息子さんはさぞつらかろうと御同情致します」と頭を下げた。如何にも石原らしいやり方だが、事実はこの通りであった。

講演後石原は藤田（註　松二、塾頭）と自分の案内で農場を見に行った。道々色々質問を発した。「お忙しいでせう」と言へば、「いいえ、一日三十分あれば私の仕事は済みます」と答へた。東条との関係が目に見えるやうだ。石原は「建国大学は完全に失敗だ」と言ひ切った。〟

（「民族の苦悶」『歓喜嶺　遙か』上）

この日の会について、一期の村上（註　旧姓・松崎）和夫は『歌集　満洲からの旅路』（二〇〇二年五月三十日発行、学伸社）の中で次のように詠い語っている。

〝建国大学入学

父母よ今満洲の土踏みぬ名にきく赤い夕陽眺めつ
小さき国若狭に生まれしためなるか広漠満洲に恋い恋がれくる
中々に落ちぬ夕陽のこの果てに我が青春の行く道ぞあり〟

石原関東軍参謀副長の講演

石原莞爾

山形県鶴岡市出身。建大創立構想の生みの親とも言うべき人であるが、生れた大学には意に沿わぬ点があったようだ。この講演は前年昭和十二年七月七日に勃発した支那事変に不拡大方針を進めようとされたが、部下に反対され関東軍参謀副長に就任された。しかし、ここでは上司東條英機と意見が合わず、建大での七月七日の講演は翌八月辞任の肚が決まった決別の辞とも考えられる。激越そのものであった。

学生は「石原さん」と親しみと尊敬の念を持ち、世界最終戦論を読み、東亜連盟に共鳴するものが多かった。

〝建大の生みの親たる石原さん
日支戦いいては民族協和叶わぬと説く

きらびやかな参謀肩章何のその
魂消ゆ講話凄まじくあっという間の二時間がすぐ
折も折七月七日の記念日に
怒髪天をつく参謀の誠の声に我等接せり
民族協和は必ずやると米田正敏大声あげて将軍に抗う
参謀の講演終りて異民族顔見合せて黙し去りゆく〃

なお村上和夫は生前に戒名を自らつくった。

「建国院協和日満居士」

八期の山田昌治は『興亡の嵐――満州建国大学の崩壊の手記――』を著わした。その中での記述に誤りがあると、一期の李水清（満系・台湾）が著者の山田昌治に手紙で指摘しているので、次に李水清の手紙を取り上げる。

一九八〇年十一月の山田昌治宛の手紙

〝石原将軍の演演について

1、貴著一〇三頁に簡単な誤りがありますから再販の機会に訂正された方がよいでしょう。それは「建国大学の養正堂（講堂）で」当時養正堂は未建築、実際は二階の第一教室ですが、簡単に養正堂三字と括弧を消して、講堂とされた方がよいかもしれません。

一〇三頁最後の行に、その年二月入学して間もない第一期生が〜」二月は誤りで四月です。

2、七月七日、第一教室で聴講者は、当時の教職員と第一期。

3、私の記憶に残っている講演の実況

石原将軍は戦争は狂乱である。日支事変も狂っているで、始まり、日本人はどこでも横暴で民族協和の理想はどこでも実行されてゐないと皆を叱責するような口調で話され「君達もそうだらう」と云はれたから、聴いていた一期生米田正敏君が大きい声で「違います」とどなりました。そうしたら石原将軍は「君一人だけ違って

もしやうがない」といわれて、それから大変まじめな調子で「世界最終戦論」の大綱を話されました。〃

石原は満洲に帰って来て、その実状が建国当時と甚だしく変化しているのを目のあたりにし、関東軍の「内面指導」廃止、撤回の意見書を二回にわたり植田司令官に提出したが用いられず、ついに「予備役仰付《おおせつけ》願」と「病気静養のための休暇願」を植田司令官に出し、協和服に身をつつんで八月十八日に新京を発って帰国の途についた。

十六　反満抗日の学生たちと作田荘一副総長

その日は一九四二年（昭和十七年、康徳九年）三月二日であった。

〝或日、私は市内にて或る会合に出て居た時に大学から電話がかかって来た。「只今憲兵隊が塾に来て、反満抗日の政治犯人と言う容疑にて、満人系学生十八名をトラックに載せて連れ去った」と。私はこれを聞いた刹那に「しまった」と心の裡で叫んだ。それは我々の虚を衝いた意外の出来事であったからである。～中略～唯だ多数に上ぼる謂ゆる満洲系学生は、漢民族出身者が多数に上ぼって居るので、これが中国の国民党や共産党から誘惑される懸念が多かった。その国民党の方面から誘惑の手が伸び、同族学生の間にも知られないような連絡があって、遂に反満抗日の陰謀犯をして学園から拉し去られたのである。これは極めて起こり易い事件であったが、それを事前に制し得なかった大学の失態は弁明の余地がなかった。私は早速にも副総長を辞職したき旨当局に申出でた。〟（『道六』）

右の文中、憲兵隊が連れ去った満系学生十八名とあるが、これは七期故鈴木昭治郎の調べで、十五名であることが明らかになった。

〝昭和十七年三月二日（康徳九年、一九四二年）満系学生十五名反満抗日の政治犯容疑にて憲兵隊に検挙さる。建大構内で十二名、学外で三名、他に検挙を免れたもの三名〟

（『建国大学年表要覧』平成十九年六月刊）

昭和十六年（康徳八年、一九四一年）十二月三十日の項に、同年表要覧は「いわゆる12・30事件おこる。」と記載しているが、この事について、一期斎藤精一は「悲しく、懐かしい歴史を想う」（『歓喜嶺　遙』上）の中で、「ようやく新築成った後期塾舎で同室の予定だった楊増志、柴純然、孫宝珍の三君らが帰学しない。～中略～楊君ら逮捕は、蔣政権の反満抗日工作の先鋒たる学生グループの幹部として行動した嫌疑とのこと。」と書いている。

楊増志はこの年の十二月に奉天で逮捕、柴純然は獄死している。

なお建大創設に大きく係わった辻と三品は、上海で三月二日の事件を伝え聞いて、こう言ったと言う。

〝作田先生の責任、そんなこと問題にならん。全く逆だ。内面指導を強化している日本政府や関東軍の責任ではないか。建国大学は国民党に走るような満系学生が生れたことは、それこそ建大のために慶賀の至りである。万歳ではないか。作田先生に感謝の電報を打って乾杯しよう。〟（建大史料二号）

満系学生（中国人）が憲兵隊に連れ去られたことは次第に学内に広まって行ったが、日系学生は一人として反満抗日の満系学生に反感を持った者はおらず、大半の学生は満系学生に同情をよせ、次々に差し入れに行った。

塾の責任者でもあった「青本敏彦先生よりお話を聞く――塾生検挙事件について――」と題して文責一期の斎藤精一の一文が『歓喜嶺　遙か』（上）にあるので、それより以下引用する。

〝新京監獄を訪れ、一室で皆と面会ができて、ただ感慨無量であった。作田先生より托された読み物を渡す。獄中の塾生の心情を思い、全くたえられぬ。何ともいえぬ悲痛の情に、胸せまるばかりであった。

「出来るだけ早く皆が塾に帰れるように、作田先生を中心に、関係方面に対し全力を尽しているから、皆は希望を持って健康に注意するように。同時にさすがは建大生だといわれるように、服務規律は厳守するように」と話した。～中略～

監獄の担当課長さんからは、しばしば建大の塾に電話が来た。皆が先生にお会いしたいというので来て下さいと。行けば塾生活の再現となり、その後の動きを聞かれる。もっともである。

担当課長さんから「先生がむしろ担当課長のようですね」といわれた事もしばしばあった。

作田先生のお伴をして憲兵隊に行った。憲兵隊の訊問は「国を建設する大学から、国を破壊する学生が出るとはどういうわけか」との本旨であった。

作田先生は答えられる。「道義国家、民族協和の建国の理想実現のため、それにふさわしい特色を備えた新しい学問の樹立を期している。教授陣も、それにふさわしい方々を、広く各民族より迎えることとし、かつ専門の講義の外、出来るだけ塾頭として、塾教育にも努力されるようにしており、塾教育には特に重点を置き、建国の理想とその実践力を身につけた人物の養成に力を注いできた。このため、特に塾教育専門の専任塾頭を置き全力

を尽している。」～中略～

また、獄中の生徒を全部帰すよう強くお願いした。「帰したらどうしますか？」と聞かれる。答える「全部同じ塾に入れ、私も同じ塾に住み、起居を共にし、正常な学生となるように全力を尽します。」「しかし、一旦検挙したからには、適当な処理が終るまでは帰すわけには行かない。」との憲兵隊の返事であった。〟

三期の楓元夫は同期の喬国鉦から聞いたと以下のように書いている。（「世にも不思議な『満洲建国大学』」『諸君！』一九八三年文藝春秋十月号）

〝日本憲兵隊の取り調べは峻烈を極め、刑務所の毎日はひどいものだった。僕たちは作田先生の激励のことばを合い言葉に頑張った。

作田先生が刑務所に面会に来られ「君達は破廉恥罪で捕らえられたのではない。自ら信ずることを生命がけでやろうとした政治犯である。国士といってもよい。胸をはって生きてほしい」といわれたときは本当にうれしかった。〟

事情を知った教職員、とりわけ塾頭は学生と共に刑務所の学友に差し入れを行った。大学側の青本塾務科長は献身的であり、日系学生、満系学生の尊敬をうけていた。新三期の会田恭は思いを述べる。（「朋友に恵まれた幸せ」『歓喜嶺　遙か』上）

〝当時の塾頭が青本先生であった。塾務科長という重要な管理職にありながら十一塾の塾頭を兼ねられて、それこそ塾歌にある不惜身命を地で行くような毎日を送っておられたことが思い出される。あの酷寒の中でも、夜明け前に氷を割りながら「禊」を続けておられたことなど、ご自分からは決して口にされなかったが、僕は先生の無言の後ろ姿に怖いほどの「師の尊さ」を感じていた。私生活をエンジョイされることなど殆どなかったのではなかろうかと。〟

囚われていた満系一期の楊増志は、七期の田山實への手紙に次のように書いている。

（二〇一五年二月十八日付手紙）

〝青本先生は私を自分の子のように愛してくれました。私も不思議に思います。私は一九四五年八月出獄以後、中国同窓後輩から青本先生を「老佛爺」と呼んで尊敬されました。「老佛爺」は即ち梵語で言うと「仏様」の意味であります。青本先生は中国の学生達

にそんなに尊敬されていました。〃

楊増志のこの言葉に建国大学の真実が表されていると言えよう。建大での反満抗日は建大の五族協和の精神を理解しなくては見えて来ないであろう。

作田副総長の辞任を知った張景恵総長は「『そんなことは若い者に有りがちであるから、そう気に懸けるには及ばない』と慰留された。」（『道六』）が作田副総長はついに建大を去る。

告別式のこと学生の日記より。

二期生　谷口勉

一九四二年（康徳九年、昭和十七年）六月十三日

養正堂にて副総長先生告別式

「志は高く確実なる生活をせよ」「絶大の使命感に徹せよ」「他民族を信ぜよ」と力説される。第一、二期より洟れるすすり泣。（『二期文集』続編）

六・一三（土）　作田副総長、最後の訓話（『年表』）

民族的主我性を超越して建学精神の昂揚に邁進せよ

作田副総長退任の訓示

〝我々の建国大学も既に満五年になった。恰も支那事変が満五年を迎へて居るのである。

〜中略〜

この際諸子に一言申上げたいことは、而も極めて大事なことではあるけれども、又極めて平凡なことではあるが、それは次の言葉である。「志は何処迄も高く、足許は飽く迄も確かであれ」と云ふ一言である。〜中略〜

満洲国を動かす最高の地位に立つものは国務院と建国大学と協和会との三つである。この三つがしっかりしないと満洲国は立派に発展しないのである。〜中略〜

又この大学は類例の稀なる特色としては所謂民族協和の大学である。この大学に於いて出身民族を異にする者が如何にしてよく共に修養の実を挙げるかについてはどうすればよいか。それは簡単に言へるのである。それは各民族が充分に自信を持つと同時に各民族の間にお互ひに信頼の念を強めることである。〜中略〜

日本から来た学生諸子はここに学ぶ重大なる使命を自覚しなければならぬ。又満洲国に生れ育った学生諸子も、同じく重大なる責務を持ち、全国青年の最高階段に立って、満洲国を発展させると云ふ点に於いては何れ劣らぬ任務があるのである。～中略～

重任を持たない所に光栄の冠はない。責任を果す者にのみ授けられるのである。その責任と光栄とは民族主我性には存しない。それを越えた新しき満洲国家精神に、自分自身を溶け込ましめることによって、所謂日系も満系も種々なる民族も敢然として向上の一路を邁進するのであって、而かも同時に各民族の特色を失はないことにもなる。これが建国大学の教育精神である。～中略～

尚ほ又自分が官職を去ると云ふことは、自分に取っては或る意味の自由が与へられるのである。この自由の境地に於いて建国大学の名誉教授の人々並に建国大学の創設に深く関係された多くの人々とともに、この大学を創設当時の信念の如くに立派にして行くやう微力を尽したいと思ひます。〃（『年表』）

作田副総長のあとは、なんと軍人のお古で張鼓峰《ちょうこほう》事件の尾高亀蔵《すえたか》予備陸軍中将であった。作田副総長のあとに尾高亀蔵が副総長に送り込まれて来た。

その就任の会を真覚正慶《マサメ》（東大卒、助教授）が「ツァラツストラ歓喜嶺にありしとき」

と題して『登張竹風遺稿追想集』に一文を寄せているので次に紹介しよう。

〝～略～みな一様に、竹風という大きな鐘の、こちらの撞きようでどうとでもひびくその豪放な又は爽快な風韻に魅せられていた。私には然しいつも、偉大なる煩悩人、恐ろしく勇気のある平凡人という一面が強く感じられて、そこが却って何ともしたわしき限りであった。

昭和十七年の春に、初代の作田副総長が去ったあとへ、張鼓峰事件の将軍が二代目として押し込んできた。関東軍の秦参謀長が勝手にきめた天下り人事で、軍人専制の満洲でのこと、どうにもならない。正に建大の危機であった。就任の訓示をきいてやっぱりと一同顔を見合せた。このときである。長老として答辞を述べるべく、やおら進み出た竹風先生は、開口一番、声をはげまして言った。「われわれは言わば四十七士である。志操と団結は固く、如何なる風雪辛酸をも意としない。ただ私かに憂う、大石内蔵之助はしっかりしているかと」そう言ってじっとにらみつけた。将軍はカッと赤くなり、胸の勲章が小きざみにふるえて音をたてた。勝負はあった。次いで甚だ変な話だが、先生は、この副総長を前に、おもむろに学の尊厳と大学の使命を説きだした。その話術の巧みなこと、彼の顔もつぶさぬよう、しかも言うだけのことは言い尽してケロリと元の席に帰った。並いる学生

たちまでホッと溜意をついた。建大の危機はこれで一応救われたのであった。～中略～
この年の初秋、先生も遂に分らず屋の軍人に愛想をつかして満洲を去られた。今から思えば、先生にとっては却って幸運なことではあったが、あくまでも踏み止って建大を守ろうとした同志にとっては、誠に寂しき極みであった。愛用の一瓢を腰に、飄然と先生が去って行かれた時には、満洲が空ッポになったような気がして、いつまでもぼんやりと新京駅に立ちつくしていたことであった〃（昭和七年東大独文卒、千葉大教授）

新任尾高副学長への学生の受け止め様を二期岩井利夫は「某年某月某日〈歓喜嶺レクイエム〉」（『歓喜嶺　遙か』下）の中で次のように述べている。

〃～中略～尾高副総長の悪口はいいたくないが、何しろ馬上豊かに勲章をつけて着任登学、学生完全武装でお出迎えとは馬鹿々々しい。朝礼の時、千葉老先生にむかい「千葉教授はヒカガミがついておらん、尾高を見よ」と、カチンと長靴を鳴らして不動の姿勢のお手本。ほんとうに冗談じゃないよといいたかった。〃

（註　千葉教授→千葉胤成《たねなり》〈京大卒、教授〉）

後日談がつく。

作田副総長辞任の時、中山優（東亜同文書院中退、教授）が辞任した。その事情は、中山優が語る。

〝しかし、作田さんがやめたときに同時にやめるべきだと考え辞表を出した。私は新京に居なかったが。ところがあの時の陸軍中将尾高副総長が、六ヵ月ほど延ばしたね。政策的なためかなんか知らんが、それでやめたわけだ。〟（『年表』中山優の話）

第一回卒業式・開学式

昭和十八年（康徳十年・一九四三年）六月十二日（土）
建国大学第一回卒業式及び開学式は歓喜嶺において挙行され、皇帝陛下御臨席遊ばされる。卒業生　一〇六名（日系五十二名、満系三十三名、台湾二名、鮮系九名、蒙系七名、露系三名）
（『年表』）

〝陛下には午前九時帝宮御発、九時二十五分大学御着、〜中略〜張総長、尾高副総長〜略〜作田名誉教授等に観見、〜略〜登張名誉教授、千葉教授、以下教授助教授に列立観見、〜略〜九時四十六分、分列式御閲。〜略〜十時十八分より経済科卒業生大澤暢太郎の「特殊会社の制度の創設とその任務について」及政治科卒業生隋永禄の、「大東亜共栄圏における各民族相互の結合と民族協和について」と題するそれぞれ十分間づつの言上を御聴取、〜略〜十一時十分張総長恭導にて玄関より御車に召されて卒業式場養正堂に向はせられ、〜略〜全員最敬礼のうちに御座につかせられれば張総長は御前に参進、開式の旨を奏上して総長席につき晴れの卒業生一〇六名の氏名が読みあげられれば、張総長より卒業生総代政治科劉興潭、経済科百々和、文教科西山龍雄の三名に卒業証書を授与、張総長再び御前に参進して式の終了を奏上、〜中略〜十一時二十分、本館玄関より御乗車、〜略〜建国大学を御発御還宮遊ばされた。〟（『年表』）

なお、御前講演を行った満系隋永禄は、文化大革命の最中、一九六九年自殺している。

第一回の卒業式に出られてから、作田名誉教授は青本塾務科長を伴って、新京刑務所に向かった。

〃それより私は青本塾務科長の配慮によって、先きに政治犯によって新京刑務所に服役して居る元学生を慰問した。私は一同に向って、自分の指導不足から諸君を囹圄《れいご》の中に閉じ込めた不覚を申訳なく思う。早くここから解放されて新興国の為に尽くして貰いたいと心からなる希望を述べた。これに対し元学生の十数名が一人残らず次々に起って各自の感想を述べ、いづれも自分等の早まった所為が大学を傷つけたことを詫び、出獄の上は必ず国の為めに尽くすから、意を安んじて貰いたいと言う意味のことを答えた。それを聴いた私は、嘗ての指導不行届の責任が幾分か軽くなったように感じた。それから刑務所では別室にて係の吏員から元学生らの近状についていろいろ聴いたが、その中でも次ぎの一事には強く私の心を動かした。元建大生の態度は全く他の囚徒と違って真面目に働いて居り、例えば彼等は一日に定められた労役作業を手早く仕上げた後に、次ぎには何をやりましょうかと係官に尋ねて来ると言うことであった。必要の為めに働く下層民を除いては、中流以上の大陸人はあまり筋肉労働を好まない。そんな風の人々の子弟が強制労働を課する獄中にあっても勤労を厭わず、怠業と反対に自ら進んで次ぎの仕事は何かと聴きに来る態度には、深い感激を覚えずには居られなかった。これは「働かざる者は食うべからず」どころではなく、「一日働かざれば一日食わず」の態度以上でさえある。私はその時に、その事こそ建大において塾教育や訓練教育に当たった教員諸氏が、確かに訓育に成功して居た証左であることを認め、建大が執った勤労尊重の教学が実を結んで居たと思った。〟

（『道六』）

獄中で死亡した満系学生もいた。

二期　谷口勉の塾生日記より

〝わが書き遺す歓喜嶺

塾生日記に見る民族協和への苦悩

一九四二年（康徳九年・昭和十七年）七月七日（火）晴

支那事変勃発記念日

三月に検挙された満系の朋友王用生君、発狂して獄死す。涙の中に黙禱して冥福を祈る。〟

（『歓喜嶺　遙か』上）

一期　斎藤精一

〃悲しく、懐かしい歴史を想う

後期二年（一九四二年）は、前年十二月八日の大東亜戦争開戦に伴なう、敵性分子一斉検挙の一環として起ったいわゆる一二・三〇事件で明けた。ようやく新築成った後期塾舎で同室の予定だった楊増志・柴純然・孫宝珍の三君らが帰学しない。事件の真相が少しづつ学内に知らされるにつれ、開戦以来の緊張感がさらに身近かな現実となって迫ってくる。楊君ら逮捕は、蔣政権の反満抗日工作の先鋒たる学生グループの幹部として行動した嫌疑とのこと。～中略～

非常事態に対処して、作田副学長、青本塾務科長、富木塾頭はじめ、学校当局が「逮捕された学生たちは、国家民族の将来を思う至純の国士として行動に出たものであり、その志は壮とすべきである。民族協和の問題は簡単ではない。どうかもう一度建大へ返し、勉学を続けさせてほしい」と、憲兵隊に対し再三嘆願され、また獄内の学生たちにしばしば面会しに慰問激励された。その結果、学生達に対する獄中の取扱いは大いに改善されたとのことであった。しかし、好漢柴純然君が不幸病のために獄死（註　建国大学同志会名簿によれば、その日は一九四四年一月三十日である。）したことは痛惜にたえず、富木（註　謙治（早大卒、教授）先生と劉興潭（註　一期生）君らが、彼の故郷での葬儀に参列したのを悲しく想い出す。この事件は、私の建大生活を通じて、受けた最大の悲痛事であった。

〜以下略〜〃（『歓喜嶺　遙か』上）

建大での反満抗日の満系（中国人）学生に多くの大学の職員、教員が同情を寄せ、支援の手をさしのべたが、その一人、滝川惇《あつし》（游軒）（拓大卒、大同学院五期生、塾頭、助教授）の場合を紹介しよう。

建大四期生会誌『楊柳《どろやなぎ》』の第一号（昭和三十四年五月二日発行）に、「滝川惇――追想近思――」の一文から。

〃歓喜嶺の今頃は、遠くの丘がウス緑に萌え初めていることだろう。陣太鼓を合図に、共に、明け暮れしていた頃の色々の思い出は、尽きぬ懐しさが去来する。

昭和十七年八月、塾頭として八紘塾舎で皆さんに初見参したのは、私が三十三才の時であった。

初印象は、正直な所、舌を巻いて驚いた。礼儀正しく、何かを学びとろうとする真摯な態度、殉国・奉国の気魄溢るるばかりの学生達であったからである。

私共の学生時代を回顧して、色々、考えさせられるものがあった。教えるより、教わる方が多かった。〟

一九九二年（平成四年）一月二十日朝、死去されると四期生会誌『滝川塾頭先生追悼号』が編集・発行された。

その中から二、三。

「終生の塾頭」先川祐次（一期）

〝私がさいごに滝川先生にお会いしたのは一月十一日の午後一時だった。「きょう……君が……来て……くれるかも…しれんと…待っていたよ」と、かぼそい手で空をまさぐるようにされた。細く骨の浮いた手は、ほわっと、あたたかであった。手のひらに先生の手をのせたまま私は言葉に詰まった。鼻からの酸素吸入であえいでおられたが、潤んだ瞳で奥まで澄んで光っていた。「人生八十年まで生かしてもらったんだから、感謝しなくっちゃなあ」と先生は自分で自分にうなずくように言われた。

それからは体を私のほうに向けて急に多弁になった。国立病院で癌の宣告を受け手術を勧められたが、いまさらと断ったこと、むかしからある民間療法に賭けてみているが効果がでているような気がすること、かぜを引いて肺炎になりそうなので仕方なく入院したことなど。～中略～病床にいて一番胸に浮かぶのは満洲時代、とくに建大のこと、塾の諸君との生活のことだと、尽きない話が続いた。

声はときどき痰と息切れでとぎれることはあったが、生命への情熱はその澄んだ瞳からもしっかりしておられるように見受けられた。私は「しっかりしてくださいよ」と自分でも空しいとわかりきった実効のない見舞のことばを繰り返していた。それから九日後、先生は亡くなられた。～中略～

西日本新聞社には私と前後して入社した七人の建大仲間がいた。おそらく一職場としては一番多かったのではないだろうか。そしていずれも陰に陽に先生のご助言とご指導をいただいて育ったと思う。先生はいつも「みなが立派な社会人として育っているのを見るのが一番うれしい」と言われていた。それから先輩を大切にすること、後輩を大事にすることを説かれた。晩年は酒も控えめであったが柔和な笑みを絶やさないかただった。力不足で先生の御期待に沿える私の半生とはならなかったが、いのちが燃え尽きるまで民族を超えた人の和と師弟の情を大切にされた先生の温顔は私の心に焼きついて消えることはない。先生は終生われわれの塾頭であった。〃

「われらが塾頭」入江俊輔（四期）

〝昭和十七年九月、滝川先生が着任された。前期二年のときだった。建大生活は半歳を経ていた。僕らの十四塾と隣りの兄弟塾、十三塾の塾頭になられる、とのことだった。朝礼のとき、台上に立って挨拶された。内蒙古の独立運動に参画された人と聞いていたので、蒙古風に日焼けした大陸浪人を連想していた。案に相違して、細型のキチンとした身なりの人だった。ただ正面をキッと見るまなざしと胸を張り背筋をピンと伸ばした風姿には、並み並みならぬ気骨が感じられた。満洲大陸の九月は、早くも、うす寒かった。あの半円形状の広場に集まった学生は四百余名。すべて、お揃いのダブダブの綿入り服。だから、先生の身なりが引き締って見えた。厳しい人なのだろうか？　大人よろしく鷹揚な人だろうか？　チグハグな気持が交錯した。

塾舎内で先生の歓迎会を開いた。～中略～若干の茶菓だけのお粗末な歓迎会だった。それでも建大健児の意気は盛んだった。先生は言葉少なだったが、笑顔を絶やさなかった。余興がはじまった。怒鳴るような歌や漢詩の朗詠が続いた。これに応えて、先生も歌った。蒙古行だった。

砂丘を出でて　砂丘に沈む

月の幾夜か　われらが旅路
明日も川辺が　見えずは何処に
　水を求めん　蒙古の砂漠

　これは、僕らもよく歌う歌だった。だが先生が歌うと格別の趣きがあった。内蒙古独立運動の雄。徳王と行を共にした先生のイメージと重ね合せて聴きながら、しみじみとした気分になった。外見の温容とは裏腹に、内には秘めたる気迫を持っておられるのだなあと思った。～中略～

　日曜日には、ときどき仲間と連れ立って先生の官舎を訪ねた。～中略～勝手に押しかける僕らを、喜んで迎えてくれた。自宅では特にくつろいで話してくれた。内蒙古独立運動の話を聴いた。先生自身の手柄ばなしでなく、独立運動の雄・徳王のことが主題だった。徳王を尊敬している様子が、強く感じ取れた。蒙疆《もうきょう》政権は中途で挫折した。先生は傷心を胸に秘めて蒙古をあとにした。挫折の事情については、なぜか語られなかった。～中略～

　いつも思ったことは、このような温厚な人のどこに、身命を賭して砂漠をかけめぐり、蒙古独立の夢を追う情熱が秘められているのだろう、ということだった。奥さんとは新婚早々のように見受けられた。先生とお似合いの方だと思った。楚々たる佳人とは、このような人をいうのだろう、と思った。～中略～

話題が満蒙の事になると、先生の口調が弾んだ。蒙古や建大のことは、話しても話しても、話し足りないようであった。内蒙古独立運動の挫折後、大分の郷里に閑居した、とのこと。閑居中に、建大助教授任命の通知受け、われわれの塾頭になった。蒙古と建大の中間に郷里の閑居が介在したとは、初耳だった。〟

「私が一番尊敬した先生」孫鎮（四期）（孫燿馨《ソンヨウケイ》、満系）

〝滝川先生が亡くなられたとの報せを聞き、本当に悲しい思いをしました。私は建大在学中、日本人の先生の中で滝川先生が一番良い先生だと思っていました。当時の日本人の先生が、もしみんな滝川先生のような人柄なら、いわゆる民族協和の理想も実現できるだろうと思いました。

先生の人柄はもとより、各民族の学生に対する態度や話し方が一視同仁で、私の一番尊敬する先生でした。

三年前に招待を受けて私が日本各地を旅行した途中、福岡を訪問したとき、先生は高齢にもかかわらず、私に会うためにわざわざ福岡まで来て、私の歓迎会に出席して下さいました。私は感激で涙がとめどもなく流れました。その場面を今も忘れることができません。

今はひたすら先生のご冥福をお祈りするばかりです。〟

滝川塾頭は日系、満系その他の民族の学生たちに敬愛されていたが、「滝川先生は寡黙の人だった。楊柳誌上の寄稿も控え目だった。」（四期・入江俊輔）の言葉のように多くを語られなかったが、特に自身のことについては全くと言うほど述べられていない。反満抗日の満系学生への理解は深かったが、『楊柳』（第十一号・昭和五十五年十月二十五日）に珍しく反満抗日の学生について書かれているので、次にそれを紹介する。

「回想・三十七星霜」滝川游軒

〝「ただいま張権君とかわります」木戸君のハリのある声につづいて「先生！　張権です。おかわりありませんか。健康呀！」となつかしい声が東京から伝わってきた。（八月二十七日夜―編集子註）

思えば昭和十八年（一九四三）十二月十四日、凍りつくような寒い夜、日本憲兵にふみこまれて張権君（四期生）（一九八一年七月四日没、建国大学同窓会名簿より）はじめ七名の塾生が逮捕された。私の馴れない憲兵隊詣でがはじまった。

それから九ヵ月余、翌年の九月三十日に全員釈放された。その夜拙宅で、この塾生たちとささやかな膳をかこんで祝盃（酒なし）を挙げた。よく耐えたことであった。～中略～

昭和十七年の暮、重慶にはしる直前の胡秉元（四期生）君と塾頭室で夜ふけまで話合った時、淡々と「国家の独立は民族の政治本能なのだ」と悟らされて以来、この塾生たちの考え方には共感するところが多く、今なお胸疼く回想のひとつだ。〃

〃昭和十八年（一九四三年・康徳十年）九月二十二日
学生の徴集延期の廃止発表さる〃（『年表』）

「農場通いの毎日」原田修（五期）
〃～前略～終戦による廃校で、私たちの建大在学期間は僅か二年弱であったが、得がたい体験をし、いまなお、恩師、先輩、同期生、後輩と続く太い絆で結ばれた人間関係は、私の大きな財産である。同期は勿論、先輩の皆さんにも随分お世話になった。国内の高等学校に進んでいたら、これだけの人間関係と友情は、得られなかったと思うと、建大に学んだことは、本当に良かったと思っている。これからも、この人間関係を大切に、いつまでも交友を続けさせて貰えることを願っている。

おしえ子は　皆兵となる　老の春

登張先生が、皆んな次々と学徒兵として、出征して行くのを嘆いて詠まれた句である。

先生独特の字で書かれた短冊が、私の手許に残っていて、我が家の宝物の一つである。
〜後略〜〟
（『歓喜嶺　遙か』上）

十七　大同学院進学反対

昭和七年（一九三二年、大同元年）七月十一日、大同学院制が公布され、学院は満洲国の官吏の養成機関として発足した。建国大学創設の過程で、この両者のあり方が色々と検討されながらも、明確な位置付けが定められず民族協和、王道楽土の建設などの目標を共有しながら、それぞれ独自の教育を行って来た。

そのため、建国大学で一期生の卒業を前に、建大を卒業して直ちに大同学院に再入学するというあり方が学校から示され、学生がそれに反対する声があがり檄文「同志に告ぐ」がガリ版刷りされ学生に配られ、あるいは壁などに貼られたようである。（『年表』）檄文「同志に告ぐ」岩井利夫（二期）（『歓喜嶺　遙か』上）より要旨を紹介しよう。

同志に告ぐ

最近塾務科長は第一期生を集めて、大同学院に入学すべき旨を告げられたと云ふ。第一期は何が故に諾々として之に応じたのであるか。我等は半年以前に於ては、卒業后、地方実習若しくは協和会青少年訓練所にゆくべきものと聞かされていた。而して大学の教官も大同学院入学に総反対であり我等の尊敬する尾高副総長はその意向を総務長官に伝へたと聞いている。而るに僅か半歳をも経ざる今日、闇討ち的なかゝる大学の処置に対し、我等は侃々《かんかん》としてその不義を鳴らしその変節を責めるものである。～中略～

大学は低調にして旧態依然たる一部蒙昧なる教職の所有ではない。建国大学は我等同志のものである。我等同志のものは我等同志の手によって強固に豊かにして行かねばならぬ。我等は一致団結し声を高くして大同学院入学に反対しようではないか。我等は同学院に入るべき何等の理由をも認めない。～中略～

大同学院はむしろ自然解消すべき存在である。何故かならば建国大学の創設により大同学院は已に彼自身の歴史的使命をおへたからである。我等は大同学院の初期の人々が建国直後満洲の曠野を縦横に活躍し尊き血潮を流された事を肝に銘じて忘却するものでない。その人々こそ我等にとって生涯学ぶべき建国の先輩である。我等は建国の先輩に対して心から敬意を捧げ思慕を感じ我等の前途を導かれるよう在天の霊に祈るものである。而しながら明かに我が建国大学は大同学院と両立すべくたてられたのでもなければ、ましてやそれに併合され解消さるべくつくられたのではない。～中略～

　建国大学創立の真の精神にかへれ。由来建国大学は興亜大学である。それは東亜に於ける満洲国の性格をそのままに反映しているからである。今日不幸にしてその精神が曇っているに過ぎない。単に満洲国の官吏を養成するにとどまるならば大同学院にて事足りるであらう。満洲建国は、已に東亜聯盟の結成、亜細亜建国の使命を負うていたが故に、単なる技術的官吏の養成をもってしてはその国家使命を遂行するに余りに貧とせざるを得なかったのである。かくて建国大学が創立されたのである。我等がその創立の趣旨にたちかへる時、建国大学こそ興亜大学そのものなる事を知るのである。～中略～

　我等は建国大学の名に於て叫ぶ。全大学の同志よ、須らく一致団結せよ。創学に帰れ、建国に帰れ、而して愚劣極まる大同学院入学案に反対せよ。よしそれが内定し決定したる事であっても身を以て反対せよ。実に於て崩壊せしめよ。正しきものが白眼視せらるるは常である。絶対の信仰をもて。我等は我等の先輩の言を信じ、ひたすらそれに殉ずるのである。不義に活路を求めんよりは正義に於て如何なる迫害をも受けようではないか。維新は売節不義の徒輩によりて成るのではない。実に我等の手において成るのである。起て同志よ、而して大同学院に総反対せよ。

—憂子—

結局、一期・二期の建大卒業生は大同学院に入学することになった。

十八　閉学へ

昭和二十年（一九四五年・康徳十二年）八月九日（木）

午前零時以降、ソ連軍全面進攻。わが国との不可侵条約破棄。対日宣戦布告。

午前一時ころ、新京に敵機来襲。

午前三時ころ、関東軍作戦命令発令。

八・一〇（金）　関東軍対ソ全面作戦命令下達。

西元宗助（註　京大卒、助教授）。十日から、大学の機能は全面的に停止されたが、その夜、副総長公館において最後の教官会議がものものしくひらかれて、種々の緊急要件が処理されていった。（編者註、右は、西元宗助著『ソビエトの真実』昭和五十五年六月、教育新潮社刊にある。以下『真実』と略記）（『年表』）

八・一一（土）　午前、日系だけの「秘密緊急教授会」（研究院会議室）（午後三時教職員会議開催）

安倍三郎（註　広島高師卒、教授）・尾高副総長は沈痛な面持ちで、次のような重大な発言を行なったのです。（編者註、その詳細は安倍三郎著『大彦族の研究』一四、一五頁にまつこととし、ここでは要旨にとどめる。）

(1)　ソ連の対日戦宣布告並に戦況

(2)　関東軍司令部並に満洲国政府の通化移転

(3)　家族持に応召職員家族の通化又は朝鮮への退避

(4)　西部方面から進攻する敵の機甲兵団は、最も奏効した場合、明後十三日午前三時には建国大学に到達する

(5)　われわれ教職員はいかにすべきか、手もとの紙に所見を述べてもらいたい

尾高副総長は別のテーブルで熱心にわれわれ教授団の書いた所見を読んでいる風でしたが、やおら会議席に戻ってきて次のような決断を述べ、命令を下したものです。（前同要旨のみ）

(1)　建国大学教職員は尾高副総長の統率の下に、ソ連軍の進撃を阻止する
　　ただし、不同意の教職員の行動は自由とする
(2)　午後三時、本館において最後の教職員会議を開催する
(3)　日系以外の学生は四平街兵器廠（公主嶺の軍需工場の誤り）に勤報隊として参加
(4)　日系学生は、大学においてソ連軍迎撃の態勢に入る。

私は教授会の後、大学の塾頭室に行き、十二、三人の塾頭を集めて教授会における副総長の命令を伝え、午後四時には前期（予科）校庭に残存学生及び教職員を集合さすよう指示した。（以下は三浦賢志（七期）「建国大学の終焉」『歓喜嶺　遙か』（下）の文中〈故安倍三郎教授の遺稿より〉より転記。）

〝大学当局は、直ちに対策の第一弾として、満・蒙七・八期生に対して公主嶺にある飛行機工場での勤労奉仕を発令した。午后四時。あの陣太鼓が高らかに打ち鳴らされた。日・鮮系学生も含め学生全員が養正堂前の広場に集合し「壮行会」が行われた。しかしそれは「王道楽土」「民族協和」の旗印の下に共学共塾した建国大学の「最後の儀式」であり、同学門《もん》の永遠の「離別の儀式」でもあった。

旧軍でも「暴れん坊将軍」の異名をとったという尾高軍人副総長も、このときばかりはその最後の役割を痛感させられたのであろうか、その訓示は沈痛を極め、満・蒙系学生の肺腑をも抉《エグ》るものであった。つづいて教職員・学生が一体となって、最後の「建国大学塾歌」を絶唱した。

曙きざす歓喜嶺
先覚の子の打ちならす
響け興亜の陣太鼓
天を振るがし地を動れば
亜細亜の嵐雄叫びて
十億の民醒めんとす

これはもう歌にならなかった。日・鮮系学生も満蒙系学生も、もうこの世で再び会えることはないと知っていた。我慢できなくなった学生たちは、ついに互いに抱きあい、手を握りしめて、ひたすら別を惜しんだ。その情景に教職員も思わず貰い泣きするのみだった。こうして、このとき、建国大学は実質的に解散してしまったのである。私は未だに思い迷う。あの戦況下に、しかも即第一線化の予想される公主嶺に、何故に満蒙系学生を動員せねばならなかったのか。それだけの何かの意義があったのだろうか。あるいは離散のための場をあたえたのだろうか。それとも決戦時の内部混乱を警戒しての緊急避難措置だったのだろうか。この謎のような勤労動員は、結局、徒労に終った。満・蒙系学生は飛行機工場に到着することなく、自主的判断で四散の道を選んでいった。引率教官は肩をおとして帰学し、そのむなしさを嘆息した。（安倍）

建国大学戦闘隊結成　統率尾高副総長。大隊長兼第一中隊長安倍三郎教授、第二中隊長西元宗助助教授、第三中隊長寺田剛（東大卒、助教授）。（『年表』）

西元宗助〝われわれは、尾高副総長の指命のもと、残存している日系学生二百名余を三中隊に分けて、戦闘隊を編成、大隊長兼第一中隊長は安倍三郎教授、第二中隊長は、こともあろうにこの私。第三中隊長は寺田剛助教授。一つには在満日本人の根こそぎ動員で、建大の多くの教官に召集令が来たためで、さらに十二日になると満二十歳に達している日系学生も召集され、残っているのは遂に第七期、第八期の二十歳未満の学生と病疾のもの、わずか七十名余となっていたのである。〟（『歓喜嶺　遙か』下）

〝八・一二（日）豪雨。

正午やや過ぎから関東総軍司令部は逐次通化へ移動開始。満洲国皇帝、南新京駅御発。臨江・大栗子鉱山事務所御着。〟（『年表』）

「わが心に生きる建大」 長野宏太郎（七期）

〝八月十五日の前と後

八月九日未明、突如ソ連空軍機飛来。城内方面に爆弾を投下。全く寝耳に水のソ連の対日戦参加である。ソ満国境からは怒濤の勢いで大部隊の侵入が始まった。

八月十二日午前、満十八歳以上の日系学生に臨時防衛召集令状が出され、即日午後には児玉公園に集合の命令である。三日間の戦闘で勝敗はつくという。死力を尽くして首都を守るほか途はない。私は、緑園付近の関東軍部隊に建大生数名と共に配属された。部隊の倉庫には武器・弾薬・食糧・被服など豊富に蓄積されていたが、兵隊は寄せ集めで戦力としては弱体化したものであった。とにかく、市街への戦車の進入を食い止めるため、炎天下、市内に通じる道路の要所要所に対戦車壕を掘る作業に全力をあげた。さらに、道路沿い、各人の割当てられた場所にタコツボを掘り、その中から爆薬を持って敵戦車の下に飛び込む訓練がはじまった。

自分の死に場所を自分で掘る運命の巡り合わせを思い、明日は確実にこの場所で敵戦車と共にわが骨肉も飛び散り、血は流れて大地に染み込む光景だけが眼に浮ぶ。今、十八歳の青春をここで閉じるほか選択の道はない。しかし、部隊内の情報に反して、ソ連戦車軍団はその姿を見せないままに八月十五日正午を迎えた。

うす暗い営舎の中に整列し、後の方で微かに聞える玉音放送に耳を傾ける。とぎれとぎれにしか聞こえず、何のことか事情がよくわからない。若い将校がこぶしを握りしめ涙を拭っている姿に終戦を知らされた。この時点で死に直面していた状況はなくなった。複雑な気持であった。〃（『歓喜嶺　遙か』下）

〃八・一五（水）正午、天皇陛下御放送〃（『年表』）

作田荘一博士

〃私も人並に現代戦闘の洗礼を蒙ったが、それから十日ばかりを経た八月六日には、広島に歴史上最初の原子爆弾が投下され、一挙に幾十万の生霊が生命を奪われる大惨劇が演ぜられた。次いで八日にはロシアが中立条約を破って我が国に宣戦したので、満洲に居る多くの知人達の身の上が心配となり、九日には復た長崎にも原子爆弾が落されて悲劇を生じ、遂にあの八月十五日正午に千秋の憾みを覚えしめた終戦の勅語を拝聴することとなったのである。その時私は一時茫然として前途が真闇になったように感じたが、やがてこれは来るべからざるものが来たのだと思われ、また来るべきものが来たのだとも思えた。私の心が国心として深い痛みを覚えたのは、これまでにないことであったが、それは私に限らず、国心を懐く国人には皆同様であったのであろう。人の心は不思議なものであり、同一の心でありながら、それが子心では親を念い、親心では子を念い、民心では君を念い、国心では国の安危を念う。かかるさまざまの心を懐いて居る人の身も、九月二日、日本国がミズーリ艦上にて無条件降伏の意志を表示した日には、日章旗の日が暮れて、いつの日にか夜が明けるだろうかと思い煩ろう情ないうつろのような国心が涙に浸されるのみであった。その日から国本の印象である日の丸の旗が空に翻らないようになった。公然と「国本」を語ることも差控えなければならなくなった。〃（『道六』）

村田重行（六期）

〃正午前全員校庭に整列し、終戦の玉音放送をかすれながらラジオで聞いた。直ちに全員解散、各自の進路を取るようにとの指示があり、大陸系学生は一斉に故郷を目指して散って行った。……呆然自失しているわれわれに対し各民族とも「元気を出せよ」「これからは新秩序にたって新しい世界を建設していこう」「共学精神は永遠だよ」等と別離の言葉をわれわれに告げ、握手して別れて行った。〃（『年表』）

八・一八（土）

午前零時十六分、通化省大栗子にある満鉄鉱山会社の鉱業事務所において、皇帝退位宣言。

満洲国解体。

建国大学も、この日をもって、その運命を共にする。

建国大学教職員会議

協和青年奉公隊解散。建国大学戦闘隊解散。

尾高副総長訣別式。（「年表」）

平本勇介　六期

〝八月？日、副総長現われ、日系学生を前期塾舎前の点呼場に集めて訣別の辞あり。

「本官は、陛下の知遇を得て、陸軍中将、軍事参議官の職にあり、この知遇を思うとき、空しく、ソ連軍の手におちることは堪え難い。

そこで、某方面におもむくことになった。諸子、自愛せよ。」と述べ、学生の一人ひとりと握手をして去られた。（編者あて書簡）〟（『年表』）

安倍三郎

〝勅語発表の後、副総長は建国大学の職員としてわれわれのとるべき態度を決定する重大な会議を開きました。いろいろな意見がでましたが、私はあの勅語がでた今となってはいくら頑張ってみても無意味であるし、この上は父兄からお預りした学生を無事に日本に帰えしてやることがわれわれの重大任務だと考え、そういった意見を具申しました。副総長の最後の断も大凡この線に沿うたもので次のような命令が下りました。

1、今日をもって建国大学を解散する。各自家庭にかえって以後は占領軍の指示に従い、運あれば日本に無事に帰還するように。

2、日系学生は満洲ではかえるべき家のないものが大部分なのだから教職員が学生二、三名ずつを預かり日本帰還の日まで行動を共にすること。その学生の割当は塾務科長が担当せよ。

3、教職員には再び政府から指示があったので、あと半ヵ年分の給料を手渡す。満洲国政府は今をもって瓦解したのだから、今後何年滞満することになっても各自努力によって自活するよう努められたい。

4、応召者の家族は目下北朝鮮に退避しているので、この人々への給料は満語のできるI

助教授および二名の事務員を派遣して届けさせる。右三名は本日直ちに出発すべし。
5、学生には一人五百円ずつと、米・コーリャン等の食糧を二ヵ月分ずつ配給する。その残りの食糧を教職員にも配給する。（約一ヵ月分）

この後、尾高副総長は吉林の山中に待機する関東軍若手将校らと共にゲリラ隊を組織し、通化駐屯の関東軍を必ず攻撃するであろうソ連軍の勢力を後方から攪乱する目的を持って家族のものと共に乗用車に乗り、軍資金と食糧を持って吉林に向けて出発したのでした。〟
（『年表』）

中司和宗（属官）・建国大学・尾高副総長と終戦

〝尾高公館には関東軍司令部より下士官一、兵五名が派遣され、自動貨車二台が準備され、食糧、弾薬、寝具などが積みこまれていた。建大の学生三名（いずれも八期生、松平康昭・服部峰雪・西口為之）もけなげに立ち働いていた。この三名は、前年の秋、信州松本で行なわれた建国大学入学試験の際、関東軍派遣将校の資格で試験官の一員であったわたしをよく覚えていて、のちのちまでよく協力してくれた。閣下の話では、これから家族（夫人と三人のお嬢さん）学生（前記の三人）兵（前記の六名）を、自動貨車二台に分乗させ、吉林に向うとのこと。吉林には軍司令官当時の知友、材木商の某氏が迎えてくれる由。わたしも新京にいても仕方がないと思ったので、お伴することになり、急遽、帰宅して、目をパチクリする女房をせきたて、身の廻りのものをリュックにつめこみ、一夜明かし、赤ん坊の長男をおんぶして、あわただしい別離のことばと共に村江さんのご一家と別れ、尾高公館へ急いだ。第一車に家族を乗せ、助手席に閣下、操縦はわたし、第二車は下士官と兵と学生、そして環状線に出たのが十八日午後、ほどなく予定進路の橋が落ちていて通行不能を知る。あわてて下士官に進路偵察を命じて草地に貨車を乗り入れ、二時間ほど待機、このとき、赤い大きな夕陽を見る。～中略～

吉林に向かうのを中止。やがて日没、仕方がないので建大に引き返し、グライダー格納庫で夜を明かした。～中略～十九日夜明け、建大農場の厩舎から無断借用、馬腹を蹴って新京駅の偵察に向かう。駅頭すでにソ連軍の姿を見、吉林脱出を断念、兵に自動貨車と米一俵を与え司令部復帰を命じて解散、閣下は一旦満洲鉱発の知人宅へ、わたしは女房と長男、学生三名をつれて再び官舎へ逆戻り。～中略～

間もなく閣下の要請で家族と共にひそかにわたしの官舎に移っていただき、わたしのとなりの工藤さんの宅を借用（工藤さんは安東へ疎開中）して閣下の逼塞の生活がはじまった。……このことは、軍医の村江さんと満洲里の特務機関長をしていた（村江さん宅へ寄寓中）田村さんの外は、誰も知らなかった。

……………

満洲国要人はつぎつぎとソ連軍に逮捕され、軍人、警察官、司法関係者は洩れなく追捕の手が伸び戦々兢々の日がつづいた。このままでは、やがて閣下の身辺も危いのではということで、村江・田村両氏と謀り、閣下を奉天の田村夫人の実家へ（七福屋デパート経営）移っていただくことにした。十二月はじめ、実行に移した。一週間前に西口、服部の両君を先行させ、七福屋さんに受入れ準備を願い、出立の準備をした。綿入れの満服に、古びた防寒帽に防寒靴、荷物なしというでたち、お腹のところが少しふくれているので尋ねたところ、勲一等旭日章と功二級と短剣がかくされていた。「勲章もですか」と言ったら、死ぬときは身分を明らかにして死にたい、その時の証拠だと言われた。なお、捕まったときは、「お前たちなら、どうするか」と言うてやる、とも言われた。

寒気の厳しい快晴の朝だった。……閣下と二人、大同大街に出て馬車を拾い新京駅へ向かった。閣下はしきりに建大の方角をふり向いておられた。

マンドリン（ドイツの戦利品、自動小銃）を凝《こら》すソ連兵が警備する構内に、さりげなく入りこんで、発車直前の列車にもぐり、閣下が座席にすわられるのを見とどけ、無一文のわたしはスタコラ至聖大路へ引返した。

……………

数日後、無事奉天着の知らせをもった西口君に閣下のご家族を委ね、難民列車で奉天へ送った。そして、西口、服部の両君は、閣下と共に奉天にて越冬、消息は絶えた。〃

（『年表』）

八・二三（木）　建国大学解散式挙行さる。

（前期校庭）

卒業証書、修了証書、在学証明書等授与。

千葉副総長代理訓示。閉学宣言文。（『年表』）

藤井久治（三期）

〃曙きざす歓喜嶺
先覚の子の打鳴らす
響け興亜の陣太鼓
天を振るがし地を動れば
亜細亜の嵐雄叫びて
十億の民醒めんとす

…………

涙が滂沱として流れる。先刻から始まった建国大学解散式である。

前期の校庭に参集するもの千葉副総長代理、教務科長、総務科長、外諸先生方数十名と三期、八期、九期生（註　八期・九期生は現在は七期・八期生に）の最後の日系学生約百名。

卒業証書、終了証書在学証明書等の授与があり千葉先生の解散の訓示が静かに朴訥として、しかも重厚に述べられる。大学最後のときである。

校庭に掲げられた両国旗、重厚さのある養正堂、建国忠霊廟の森と神域、前期塾舎、本館の建物、遙るか後期塾舎、馬屋農場の作物の一つ一つ、歓喜嶺に聳える三角原点の高櫓、逍遙した南湖畔、駈けめぐった大平原よ、歓喜嶺よさらば……

今このとき先輩の諸兄や各期の学友は何をし何を考えていたのだろうか。必ずや思いを一とき歓喜嶺に馳せたであろう。

アジアの一角に開学せられ各民族相倚り寝食を共にし、共に学び論じあった学友よさらば―何時又相会う日があろうか―。止めども涙が頬を流れる。歓喜嶺の大地へ落ちている。

歓喜嶺で歌う最後の塾歌が嗚咽ともなり慟哭ともなり、胸を打って来る……いよいよ歓喜嶺とお別れである。

いや崇き哉建国の
神々祀る宮の杜
あれわれ益荒男吾も亦
不惜身命国の為
興亜護国の鬼となり
建国廟に帰り来ん〃（『年表』）

閉学宣言文を次に掲げる。

建国大学閉学宣言文は、小糸夏次郎助教授、江頭恒治教授、森信三教授の起草による。三先生のうち小糸先生はシベリアに捕えられ、同地において亡くなられた。まことに悲しい（『年表』）。なお、宣言文に添えて文末に（「碧空緑野三千里」一二四頁）とあるが、これは大同学院同窓会編著の『碧空緑野三千里』より引用したとの表示であるので、ここでは大同学院同窓会刊行本に記載されている「建国大学閉学宣言文」を記述と共に採り上げることとする。

「ここに昭和二十年（康徳十二年）八月十九日（註　実は八月二十三日）、建国大学閉学に際しての声明文がある。起草者は西晋一郎博士門下の逸足「礼の意義と構造」の名著を残し、ソ連抑留中に若くして獄死した同学助教授小糸夏次郎博士と聞く。

「我カ建国大学ハ康徳五年五月畏クモ勅書ヲ奉戴シ我カ国最高ノ学府トシテ開学セラレ爾来年ヲ閲スル事八星霜学生ヲ薫陶スルコト一千五百名卒業生ヲ出ス事三回建国精神明カニシテ訓育ノ効果漸ク顕著ナラントスルノ時突如トシテ茲ニ閉学ヲ宣言スルノ已ムナキニ至ル寔《まこと》ニ感慨無量ナルモノアリ

然リト雖モ此ニ教ヘ此ニ学ビシ経天緯地ノ学修斉治平ノ道ハ天地ノ悠久ト共ニ不滅タルヘク東方文化ノ精粋トシテ永ク後昆ニ伝ハリ万世ノ為ニ太平ヲ開クノ基礎タルヘキヲ確信スルモノナリ

卒業生竝ニ学生諸子母校ヲ失ヘル諸子ノ前途ノ多難タルヘキハ推想ニ難カラサル所ナレトモ而モ諸子ノ魂ノ故郷ハ厳トシテ存在ス若シ夫レ諸子ニシテ亡羊岐路ニ迷フカ如キコトアラハ顧テ往事学窓ニ学ヒシ東亜興隆ノ大使命ヲ想起セヨ

諸子ハ今後各自職場ヲ撰ヒテ離散其ノ処ヲ異ニスヘケレトモ諸子ノ心裏ニ明刻セラレタル大道ニ則リテ戮力《りくりょく》同心其ノ職域ニ精励シ以テ東方道義ヲ発揚シ民族相協和シテ世界ノ進運ニ貢献スルアラン事ヲ切望シテ已マサルナリ

斯クシテ我ラノ建国大学ハ形而上ヨリハ解体スルト雖モ其ノ無形ノ本体ニ至リテハ不

滅ノ存在ヲ継続セントス
諸子幸ニ自重自愛セヨ」

くどいようだが、ここで建国大学を大同学院と読み替えても別に不思議を覚えぬほどに、共通の、いや同じ理念と理想の教学が行なわれて来たことを今更のように、見直おさずにはおれない。〟（『碧空緑野三千里』大同学院同窓会刊行）

作田荘一博士「建国大学の四年」より

〝建国大学そのものの八年の生命は極めて短かったが、ここにて学んだ人々にとっては、あの一特色のあった生活の一幕は、恐らく生涯における深い思出での一こまとなるであろう。死児の齢を算えるような愚かさではあるが、ありし日を思い出ずる毎に大学関係者にとって残念至極と思われる一事は、あれだけ満洲国の朝野挙って希望を寄せて居た青年達をして、眼前に控えた国造りの大業に思う存分に働かせる機会が奪い去られたと言うことである。我々は彼等の活躍を通じて満洲再建国の功罪いかんが歴史の審判に付せられるであろうことを期待して居たが、それはすべて水泡に帰した。しかし私はどこまでも厭世家ではない。古のギリシャ人が「一生は短く芸は長し」と言った周知の言葉を、東方の思想にて言い替えるならば「一生は短く道は長し」となるであろう。私はこの言葉を以って僅かに八年の短命であった建国大学の霊前に供えたい。〃（『道六』）

作田荘一博士「尋ね求めた道は何ぞや」より

〃人生五十功無きを傀ぢながらも、六、七十年に及ぶ長い間に亘って、一図に人の生き行く本の道を尋ね通し、今なおそれを続けて居るのが私の一生である。それであってわが余生は今後いくばくもないことを思えば、日暮れて途遠しの感慨に迫られる。これも宿命であろうが、私はよいほどに思い止まることが出来ず、唯々素志の修業を持ち続けて一歩たりとも前進したいと思って居る。その事は或は我等に最も親みの深い「弥栄の道」をば、修業の上に徴しとして象どって居るのではあるまいか。生は短く道は長い。私はそう思って、いつ成るとも見当のつかない道学びの業に身を尽くして、心安らかにしかも気勇ましく、自ら強めて日々を送って居る。〃（『道六』）

十九　逸事

1　小糸夏次郎助教授と三人の子供さん
2　有名人訪問の記
3　東満国境に迷う
4　熱河実習、夢はるか——
5　森崎湊・自刃のこと
6　建国大学学生時代の思い出
7　身辺雑話
8　建大後期忘れ残りの記
9　建国大学学風を回顧しながら

1　小糸夏次郎助教授と三人の子供さん

小糸夏次郎（広島文理卒、ソ連シベリアのアルマアタで、一九四六年二月十六日病死（『年表』）。助教授と三人の子供さんについて、小谷部東吾（八期）の二つの文集に寄せた「小糸先生のことなど」（『歓喜嶺　遙か』下）、「私の十七歳」（建国大学九期生会誌）の回想文をまとめ、なお山田昌治（八期）『興亡の嵐』（昭和五十五年七月、かんき出版）の一文を添える。

そして私は、身寄りのない学生として小糸先生一家のお世話になることになった。私は在学中小糸先生とお会いしたことは一度もない。後期の助教授だったため、そのお名前すら存じあげていなかった。先生は四国の人、私は東北の出身である。

小糸先生は優しい人だった。碩学というに相応しい方だった。先生と一緒の生活は、在学時代何も学ばなかったに等しい私にとって、初めて学府の雰囲気に触れた気持でもあった。

先生の日常は不治の病で寝たきりの夫人（八月末になくなられてしまった）の看病と、三人のお子さん（長男皓一郎　八歳、長女明子　六歳、次男昱夫　三歳）の世話、そして読書三昧だった。壁面にずらっと、畳から天井まで詰まった漢書。私は初めて見る学者の書斎に、いいも得ぬ驚異と感動に圧倒された。しかもその書籍を訪ねてきた満系の学生に気持ち良く全部渡してしまったのである。〝どうせ日本には持って帰れぬ。散逸するよりは志ある者に利用してもらったほうがよい〟と先生はこともなげにおっしゃった。馬車一杯に積まれその本が南湖官舎から消え去るまで、お子さんを抱かれながら見送っておられた先生の姿を、私は今でもはっきりと覚えている。つい先の八月末に夫人を亡くされ、今度は愛蔵書との訣別。先生の胸中たるやいかばかりであったことか。

その後も先生の生活態度は少しも変わらなかった。私は居候同然の居食いが気になり、〝他の学生たちは働いていますし、私も働きたい〟と申し出たが、〝学生の本分は学業にある。幸い当分の間は閉学の時にいただいた若干の金があるし、売り食いする物もある。そのうち帰国の話も出てこよう。有る物でやっていけるうちは働く必要はない〟ときっぱりいわれた。

そうした先生のお考えは、冬になって学生たちのアルバイトがなくなってきたのを機に学生たちを集めて論語の講義を始められた。

日にちを忘れてしまったのが残念だが、そうした講義のある日、突然ソ連ＫＧＢの一隊が踏み込んできた。一網打尽である。イタリア大使館だと誰かがいっていたが、白い洋風のしゃれた建物に連行され、いわゆる虜囚の身となった。

私は四、五日で釈放されたが、小糸先生とは永遠の訣別となった。収容所の中で先生は〝君たちまで巻き添えにして済まなかった〟と詫びられたが、講義をお願いしたのは私たち学生の方であり、それを思うと慙愧《ざんき》に耐えない。先生はまた〝君たちはすぐ帰されるだろう〟ともおっしゃった。恐らく〝一切の責任は自分にある〟と尋問で答えていたに違いない。後日知ったことだが先生はそのままソ連に引行され、天山山脈の北麓アルマアタで不帰の客となってしまった。

寒い冬。三人のお子さんたちは大人しく待っていた。先に母親を亡くし（この時点で間もなく先生も釈放されるだろうと思っていたが）今度は父親もいなくなったのに、三人ともそのことで泣くようなことは一度もなかった。八路軍の使役に三日ほど駆り出されて留守にした時も、何一つ泣き言をいわなかった。子供ながらに置かれた境遇というものを自覚していたに違いない。

三人の子との生活の糧を何で得ていたのか、記憶が定かでない。おそらく一緒に住んでくれた合田（太郎、四期）先輩が稼いでくれたのであろう。また今井豊子さんという方が面倒みてくれることになった。私はおさんどんと洗濯から解放され、季節も春になった。

四月下旬のころだったと思う。私は吉川（武徳、国士館専門部卒、助教授）教官の誘いに応じて、建大の農場を開墾することになった。

間もなく新京は中央軍の手中に帰し、同時日僑の帰国が人の口にのぼるようになった。その引揚列車が通る公主嶺の橋が内戦によって破壊されているため、臨時の架橋工事が必要だった。私はその使役に駆り出されたのである。二週間くらいかかったか、やがて橋梁が完成した。

昭和二一年七月半ば過ぎ、私たちも引揚者となってこの橋を渡ることになった。合田さんと今井さんとは都合で別行動をとることになり、小糸先生のお子さん三人との四人連れである。

引揚列車は凄絶を極めた。石炭運搬用の無蓋貨車に何十人も詰め込まれ、文字通り立錐の余地もない状態だった。老人もいる。女、子供もいる。私も三人の子供を連れての引揚行である。誰も扶けてくれなかった。みんな自分と自分の家族を守ることで精一杯だったのである。

まる二日経って錦州に着いた。駅から収容所までの約四キロメートルの道のりは遠かった。末子の昱夫ちゃんは下痢症であったが、泣きながらも頑張って歩いてくれた。おぶってやれたのはわずか五百メートルぐらいなもので、私にも余力は残っていなかった。

収容所は旧軍隊の馬小屋。季節は夏で寒くはなかったが、晴れていれば星が見える天井から、スコールのような雨が夜も昼も容赦なく襲って来た。ここで一週間。葫蘆《ころ》島からの乗船だった。船が日本に近付くと風景が一変した。小さな島々が金色に輝いて私達を出迎えてくれたのである。

無事三人を先生の実家に送り届けることができた。ちょうど八月のお盆の時だったが、私はもう十八歳を半ば過ぎていた。

――＊――

『興亡の嵐』山田昌治（八期）より。

日本に上陸して、初めて見る尾道から今治までの瀬戸内海は美しかった。だが、小谷部にとっては小糸先生のまだ見ぬ実家の存在の方が気がかりであった。わずか八歳の長男皓一郎の記憶は当然さだかでなく、壬生川という町の旅館ということだけが唯一の手がかりである。焼け野原だった今治駅前の噴水の水で、三人の子供たちの身体を拭いてやった。小さいリュックに詰めてあった、新しくはないが洗濯のきいた下着にとり替え、服を着替えさせた。今治から壬生川まではさほど遠くない。駅前の時計店でワラにもすがる思いで小谷部は訊ねた。

「この町に小糸という人が経営している旅館はありませんか」

「ああ、それなら大正通りの鈴の屋さんだネ」

狭い町のことである。幸いに小糸家はすぐわかった。時計店の主人はワザワザ通りまで出て来て、あまり遠くないと丁寧に道順を教えてくれた。

小谷部は幾度も子供たちに念を押し、はやる心を抑えて鈴の屋まで走った。

鈴の屋は間違いなくあった。旅館の店先には機よく、小糸助教授のご両親、嫂さん、ちょうど小谷部と同じ年頃の姪ごさんたちが居合わせた。

「エエッ！　皓一郎ちゃんたちが」

というなり、まず嫂さんが、つづいてみんなが駅に向って駆け出した。裸足のままである。遅れて小谷部が駅前に戻った時は、三人の子供を囲んでみんなが泣いていた。ある者は立ったままで、ある者はちぢこまって。

「みんな、よく無事に帰って来て」

「夏次郎はどうした。嫁はどうした」

と、いたいけな、万里の途をようやく安堵の地を見出したばかりの子供たちに、矢つぎ早やに訊ねていた。

「よかったなあ」と小谷部は、この時、初めて涙ぐんだ。その涙は、再び肉親のもとに帰り、これからの幸せの門口に立つことができた幼い子供たちへの祝福の涙であり、また、尊敬するわが師、小糸助教授の最期の付託に応えた安堵の涙であった。

子供たちだけが、ひとり戸惑いの色をかくしきれずキョトンと立ち尽していた。

2　有名人訪問の記

日系学生の有名人の訪問は良く行なわれていたが、満系学生にもそれが見られる。

〝辻政信が南京に居た八月のある日、南京では見慣れぬ服装をした一人の青年が、衛兵に案内されて来た。

「満洲から来ました。建国大学の閻宝昆（一期）です」

「先生は蔣介石が憎いですか」

「いゝや、蔣介石は中国の産んだ英雄だよ」

「そのお言葉を聞きたいばかりに、苦しい旅をして来ました」

閻は生粋の満洲人で満洲旗族の出身であったが、孫文を尊敬していた。

二人は中山陵に一緒に詣った。〟

（辻政信『亜細亜の共感』昭和二十五年、亜東書房）

また、崔在昉（二期、鮮系）は、

〝朝鮮民族の進むべき道に思い悩んで、その進路を石原莞爾先生に求めた。京都へ、山形へと教えを乞いに行った。崔にとっては千里の道も遠くはない。一言を聞くためだけに、玄海灘を往復したのである。～中略～六十二年、奈良の大会で崔夫妻と行動を共にした。～中略～奥さんの求めで商店街のショッピングをした。「ぜんざい」を喰いたいという。京都の石原先生宅で供応された夫人手製の「ぜんざい」の味が未だ忘れられないのか。〟

（近藤多一郎、二期「私の歓喜嶺交友録」『歓喜嶺　遙か』下）

次に日系学生の有名人歴訪を「中山優先生を偲んで」（能條彬〈六期〉『歓喜嶺　遙か』下）に見よう。

〝私が建国大学に入りましたのは昭和十九年で、そのときはすでに先生は辞され、狛江の望郷廬に退隠された後でした。その年の暮、「おまえたちは来年は兵隊だ、墓参りに帰ってこい」ということで、入学以来十ヵ月ぶりに日本の土を踏むことになりました。

その時、私を捕えたのは、「どうせ死ぬなら、日本一の人物に会ってから死のう」という想いでした。「建大生には人物行脚の癖がある」といわれていたそうですが、私もその

類だったかもしれません。〜中略〜

当時先輩がたの話のなかでしばしば聞かされたことばに、「風格第一　中山優、風格第二中野正剛、風格第三　大川周明、風格第四　安岡正篤」というのがありました。すでに中野先生は自刃されたあとでしたので「よし、ひとつあとの三人の先生をぜひ訪ねよう」ということになったのです。

同志は、姫路の鷺城中学出身の福田弘一君（東満・虎林に入隊後消息不明）、酒田の庄内中学出身の小田豊作君（引揚後早稲田を出て東北電力に入社、佐藤と改姓）と私の三人です。〜中略〜ようやく東京に着いたのは十二月二十三日、ちょうど皇太子さんの誕生日の朝でした。

狛江をはじめてお訪ねしたのは、その日の夕刻だったと思います。ひっそりとした佇いのうちに私どもを迎え、あの切炉のある書斎へ招じ入れてくださったのは智恵奥さまでした。先生は南京からのお客があって、登戸の紀の国家へでかけられているとのことで、三十分ほどもお待ちする間、新聞を丸めて炉に、火吹竹で火をおこしてくださったやさしいお母さまのお姿が、いまも彷彿といたします。

待ちきれずにお宅を辞し、紀の国家に乗りこむことにしたのですが、行ってみると空襲警報でまっくらな紀の国家の二階から、どんちゃん騒ぎの声が聞えます。案内を乞うと、もうかなりご機嫌の足どりで降りてこられ、「やあ、よく来たな、さあ、あがれ、あがれ」と手を引いて、靴を脱ぐまももどかしく、引っ張りあげられてしまいました。

これが、「風格第一　中山優」との初の対面の瞬間だったのです。二階の宴席に連れていかれ、先生は、「まあ、一杯のめ」と銚子をさされるのを、「ありがとうございます」と受けるのが、どれもみな空なのですが、暗いから先生にはわかりません。〜中略〜

その夜、先生はお宅に帰られ、私どもは、噂に違わぬ、「風格第一」の温かさにすっぽり包まれて、東京の第一夜を紀の国家でお世話になったのでした。

翌朝、再び狛江のお宅にお寄りして、たしかあなた（註　桂子さん）と一緒に日比谷まで行ったように思います。まだ血色のいいお嬢さんだったあなたに、新京から帰省のおくれる阿見寺先輩のメッセージを托されたのをお渡しし、どんなコースをとったのかいまは定かでありませんが、お堀端の道を歩いたように記憶します。明るい冬の朝でした。

その朝の先生は、粗末な和服を召しておられましたが、昨夜とはまた違って一抹の憂いを感じさせるものがあったように思います。国の難事への憂いか、はたまたすでに重症の床にあった泉さんへの想いのゆえか、あるいはそれらの交錯からかは、察するに余りありますが、そうした先生の表情にも、惻々《そくそく》と温かい人間味が感じられたのを覚えています。

日比谷には当時、満鉄の調査部がありましたが、そこで聞けばわかるというので、大川先生の所在をたずねに行ったのだったと思います。大川先生は、そのころ厚木から中津川の渓流をしばらく遡ったところに、あるお大尽の田舎家ながら豪壮な屋敷に疎開しておられました。お訪ねしたのは二十四日の夜、渓谷沿いの路の木の間越しに、月が見えかくれしていたように思います。

大きな門のくぐり戸から、小さな小母さんが出てこられたのが、先生の奥さまでした。気さくな、まったく気の張らない方でした。まず書斎があたかも図書館のように書架が並び、辞書の多いのに驚きました。書架の間には、おおむとか、いんこのような鳥を飼っておられました。そして、次には先生の容貌魁偉なのに驚かされました。背は奥さまの倍もあるかと思われるほどに高く、眼はレンズのような眼鏡の近眼で、耳は象を想わせるほどに大きいといったぐあいです。

小田君が同郷の庄内でしたので、先生もお国訛り丸出しの会話となりました。話題はおのずから時局のことになり、先生も次第に激してまいります。〜中略〜

先生は、静かにたしなめるようにいわれました。「ぼくも日本民族の可能性を信ずることにおいて人後におちないつもりだ。しかし、おまえたちは、現実を直視することを避けているのではないか。可能性と現実を混同してはいけない」と。

すでに夜はしんと更けています。「おまえたちは宿のあてがあるのか」ときかれるので、

「ありません」というと、「そんなら泊っていけ」といわれました。

朝、目覚めると、八代六郎大将の書の軸のかかった床の間の寝床の中で、体をコチコチにして寝ていました。よほど緊張したのですね。先生、奥さまと一つの膳を囲んで、芋粥をご馳走になり、辞去したのですが、先生は縁に立たれ、その長身をさらに背伸びするように、私どもが生垣のかげに見えなくなるまで、手を振って見送ってくださったお姿が、深く印象に残っています。それが、此の世での先生の最後のお姿となったわけです。

中津川の渓の路をこんどは下りながら、「中山優を春風駘蕩とすれば、大川周明は秋霜烈日だな」などと語りあったものでした。

三日め、二十五日の訪問先は安岡先生。やはり夕刻白山御殿町の先生が主催される金鶏学院を訪ねました。当時先生は大東亜省の顧問をされていましたが、その日の朝南京から帰られたばかりで、静養のため嵐山の農士学校へ行かれましたとのことです。

池袋から東上線で一時間四十分、武蔵嵐山の、槻川を望む高台、畠山重忠の館の跡というところが農士学校です。全国篤農家の子弟を集めて、経書を講読しながら農学を修めるというユニークな学塾です。

私どもが辿り着いたのはすでに十時近く、築山のかげから詩吟の声が聞え、袴を股立にとった青年が拍子木を打って夜廻りをするといった風情がいかにも好ましく、未見の先生への思慕がいやつのる思いでした。すでに夜も遅く、先生は寝に就かれたとのことで、はやる心を抑えつつその夜はそこの学生数人と語り合うことにしました。「朴訥仁にちかい」好青年たちでした。

翌朝、さすが農士学校だけあって、飯も汁もおかわりの仕放題の食事に、なんともいえぬ充実感を味わっているうち、先生は朝直ちに東京へ帰られるということです。仕度も早々に、お供をして、一時間四十分の車中でお話をうかがうことにしました。早い出立に名残を惜しむかのように、昨夜の青年たちが、ふかしたての薩摩芋を沢山に、大急ぎで風呂敷に包んで持たしてくれました。

吊革にぶらさがりながらうかがったお話で印象が深かったのは二つ。

一つは、「粥ばかり食べつけている人は、固い飯をくうと下痢をする。それと同じで、柔かい本ばかり読んでいると、固い書物が読めなくなるものです。青年時代には大部の書物（たとえば史記列伝のような）を根気よく読破する勉強態度が大切です」というお話。

もう一つは、「禍を転じて福となす、これ活学なり」という名章句をご教示いただいたことです。これが、今日までしばしば困却の折に、とくにこの時期に接続するシベリア抑留の時代に、私を鼓舞する言葉となりました。

三先生訪問の目的はこうして達せられ、大きな満足感を味わうことができました。印象

を一言に集約すれば、中山先生の温かさ、大川先生の烈しさ、安岡先生の爽やかさという
ことになりましょうか。〟

3　東満国境に迷う

建国大学では軍事訓練と共に勤労奉仕にも力を注ぎ、しばしば大規模な活動を行った。これはその一つの中で起った事件である。

まず『建国大学年表』によって、その経過をたどってみよう。

六・一四（月）（註　昭和十八年、康徳十年）

東寧方面の勤労奉仕のため出発。新京神社において奉告祭及び送出式後、午後四時半新京駅発。

山下光一（五期）・新京神社における創出式は、とても長かった。……倒れるもの陸続として絶え間なし。

閲兵、分列はさすがに見事なものだった。ごうごうたる雷雨、雷光閃々たる中を、びしょ濡れになって進む。崇高なる若き力の権化を見よ！　かくして出発せんとするわれらは、勤労奉公隊の先遣として、決して期待にそむくまい。

六・一六（水）　勤奉隊、午後十一時過ぎ、道河着。

泥寧路を、月影をふみ、一キロの道をたどり宿営地着。（註　杉浦宏美、五期）

六・一七（木）　勤奉隊、午前二時ごろ、河の右岸に仮幕舎を構築し、仮眠。（杉浦）

六・一九（土）　勤奉隊、道河を発し、山へ入る。二二キロ地点に幕舎。六月二十三日まで。同地において作業（杉浦）

六・二二（火）

山下光一・入班患者を引率し道河を出発。入班患者も、三五名中二六名全快す。山からおりてきた軍人の話によれば、さながら生地獄を連想せずにはおられぬ。難行軍を予想し、適切なる休憩を計画す。中川軍医（中尉）に申告をすませ、六時三〇分出発。一六キロ半地点まで悠々突破。部隊は、予想外にずんずん進む。農大部隊を二時間引き離す。「ゲリラ部隊」などとシャレて、一六キロ半地点において昼食。二時間大休止。目ざす二二キロ地点に至り、杉浦に「水を一杯」とたのむと、「水なんてぜいたくなものはあるか」と言われ、炊事場へ行ってみておどろいた。泥水で食器を洗い、飯を炊いている。

六・二三（水）　勤奉隊午後出発準備。

六・二四（木）　勤奉隊二二キロ地点露営地を撤収。午前四時半出発。

万歳峠を越え四〇キロ前進。本営地に進出。
森崎湊（四期）・余は行李部隊。二〇〇メートルばかり行進するかせぬかうちにすでに肩痛く脚重し。絶望的な気持に襲われる。行李部隊、行軍序列を乱すのゆえをもって本隊より離隊。十分間前進ごとに休止。一息入れてまた前進。……名にしおう万歳峠にかかったころは荷物の重さも大分なれて、たいして苦痛ならず。万歳峠は万古斧《ふ》鉞《えつ》未到の原始林。鬱蒼として、千古の苔黒みてなめらかに、奇岩怪石重畳し藪叢、腐木はことごとく行く手をさえぎり、昼なお冥々としてくらく、巨木の梢参差《しんし》たる間よりわずかに日射しを望むのみ。
山下光一・宿営地にたどりつく。～中略～小隊長に励まされ、いやいやながらも、湿地に足をすべらせて天幕をつくり、荷物といっしょに真暗なその口からひきずりこまれて、寒さも忘れて寝てしまった。

六・二五（金）　勤奉隊天幕構築。擬装を施す。
山下光一・午前中は徹底的に休養して、午後、蕨取りに行く。

六・二六（土）
山下光一・きょうも同じく休養としてあてがわれた。

六・二七（日）　作業開始（本演習展開）

山下光一・五時起床。七時作業開始。本演習展開。小泉作業隊小竹中隊に配属さる。中隊長の軍刀一閃、中隊命令を胸のすくように下す。……宿営地より一キロの地点の道路工事。工兵隊が中にはいって、一人三メートルあて、自動車路の構築。なれぬ作業故、工兵とは大分おくれるようである。頑張りだけは、まけぬつもりだが、午後六時終了。

六・二八（月）　第四期生木戸隆君作業場から道に迷い、行方不明となる。

夜捜索隊を出す。（山下）

六・二九（火）　木戸捜索隊編成

森崎湊・昨日正午ごろより木戸行方不明。捜索隊として朴（註　三鐘・鮮系四期）山田（註　俊一・四期）らと参加。日没まで捜索するも見あたらず。

雨後、連日一〇名、七月六日まで捜索をつづける。

（編者〈註　湯治万蔵、二期〉、衛生委員として終始これに加わる）

六・三〇（水）　森崎湊・今日もまた捜索。暑し。すぐに四十時間余を経過せるも消息なし。本部においては、もはや死体を捜索することとして、捜索隊を編成す。

七・三（土）　尾高大学司令巡視

建国大学学生勤労奉公隊

建国大学勤労奉公隊は六月下旬から東部国境〇〇に於いて聖汗作業に従事しているが、尾高大学司令は隊員の激励と作業状況視察のため高木（註　一也・理事官）庶務科長、青本塾務科長、滝川助教授等を帯同の上、七月三日新京発で現地〇〇に向ひ、六百の建大学生勤労奉公隊員に激励を与へ八日新京に帰著した。

（編者註・尾高副総長の作業現場巡視は山下奉文軍司令官と同道であった。）

七・四（日）　木戸捜索隊をあらたに編成する。軍一ヶ中隊（一五〇名）建大生（五〇名）合計二〇〇名。

四ヶ小隊編成。猛獣にそなえ、実弾を装てんする。各自距離間隔一歩に展開。編者の所属小隊は、行動開始後、方向を誤り、十分な捜索できず、宿営地に引揚げた。（編者）

七・六（火）　勤奉隊午前一時半起床。三時木戸捜索を残し宿営地を引揚ぐ。午後、本隊は、三六キロ地点（沙河子原）到着。この日、木戸君は、自力をもって東寧方面へ脱出。人里に辿りつく。偉なり。

七・七（水）　木戸捜索隊下山。本隊と合流。

夕刻捜索隊宿営地に帰りこれを知る。（編者）

（『年表』）

年表の編者・湯治万蔵（二期）は建大勤奉隊の東満の原生林の中で行方不明となった木戸隆（四期）を年表で追っているが、当の本人の回想記を次に採り上げ、その実情を見てみよう（木戸隆〈四期〉「東満国境に迷う」『歓喜嶺　遙か』下）。

〝昭和十八年（註　一九四三年、康徳十年）の夏、山下奉文司令官のもとに展開された、東満（牡丹江省道河付近）の軍用道路建設工事に勤労奉仕隊員として参加。

ひ弱だったせいか、本部班に配属され、先生方の当番を仰せつかる。

六月二十八日の朝食後、一人残ってテント内の後片づけをしたのち、みんなに遅れて出発。早く本隊に追いつこうと、〝近道〟を選んだ――ここに大きな落し穴があった。はじめのこの小さなミスが、後の大きな事故につながろうとは……。

ガムシャラに足を速めたが、一向に本隊に追いつかない。焦った。「道を間違えたのでは？」との疑いが、瞬間頭をかすめる。不安がつのる。

小一時間ほどして、絶望感に襲われる。冷汗が流れる。背中が、ぞっと寒くなる。「このまま、みんなに会えなくなるんでは？」。「死」の予感が頭をもたげる。そのとき見た鬼百合の美しさが、今でも忘れられない。

そのうち、あたりが暗くなってくる。早くこの危地を脱しなければ、と焦る。「よし、展望のきくあの山に登ろう」と心に決めて頂上を目ざす。頂上らしい地点にたどりついたとき、はじめて満洲の原生林のこわさが分った。登ろうにも、ふた抱えもある大木だ。展望どころか、失望の極み。「やむをえない、今夜はここで野宿だ」と腹を据える。いくらか気が落ちついた。

うとうとするが眠れない。眼の前に大きな源氏蛍が飛び交っている。しかし、いつの間にか眠りこけた。大木に背をもたせかけ、うたた寝をしたようだ。目が覚めた。いやに体がかゆい。寝ぼけ眼をこすりながらよく見ると、なんと、体中にダニがへばりついている。それも、大豆大に太り、紫色を呈して。手当り次第にむしり取る。生き血を満喫したダニたちは、体をもがれて、頭だけを人間に残したままだ。

「さて」と考えこむ。そのとき、ふと閃いたのは、数年前、学友と山スキーに出かけたときの父の一言。「もし道に迷ったら、谷川に沿って下りて来い。必ず人里にたどりつくから」と。輪島塗の職人として一生を終えた父――小学校四年しか行かない、無口な父――だったが、生活の知恵というべきものは、きちんと身につけており、いろいろ教えられた。

この父の教えに導かれて谷川を探すことにした。といっても、すぐには見つからない。方々探し歩いて、やっと、チョロチョロする糸のような流れに出合う。そのときの感激は、まさに「地獄の仏」だった。「これで助かった」と思うと、気も軽くなる。

糸のような流れが、溝となり、小川になってきた。ともに、川べりが歩きにくくなる。もともと道などあろうはずがない。躓きながら歩く。雑草の茂りがだんだん蘆原に変る。そのうちに、人の丈を超すようになった。掻きわけかき分け進む。難儀だ。破れた上着をはみ出た腕が傷つき、血が出る。その血の臭いを嗅ぎつけて、アブが襲いかかってくる。手で追い、小枝で払っても、ますます執拗に群がってくる。神経が苛立ち、疲が出る。

数日経った。そのころには川幅が広くなり、二、三十メートルぐらいになっていた。ある日、いつものとおり蘆原に昼寝していたところ、何か、動物の気配がする。鼻息が荒く、足音が不気味だ。すばやくナイフを握りしめる。襲いかかってきたら刺しちがえる覚悟で身構える。鳴りをひそめる。

台風一過。しばらくして、のそのそ這い出して見たら、川べりの砂に大きな獣の足跡が残っていた。牛か、鹿か。いや、虎かも、熊かも。あるいは狼では。〜中略〜

何と運がよかったことか。東満で獣の餌食になっていたら、今日の自分がない。その代り、恥をかき、汚名を残すこともなかったかも。

さて、一週間、原野を歩き続けたが、「人に会えない、しゃべれない」という異状な経験に戸惑う。一時は「神も仏もあるものか」とヤケになったり、逆に、亡母の加護を祈ったりもした。生死の間をさ迷う、そんな錯乱状態からいつしか解放された。と、やたらに人が恋しい。新京（長春）吉野町の三好野の汁粉の味が懐かしい。生きて再び娑婆に出られたら「本なんか買わずに、腹一杯ぜんざいを食いたい」などと思う。

ふと、足もとにキャラメルの空箱を見つける。〝迷子〟になってから、はじめて見る人工製品だ。欣喜雀躍、心がはずむ。信じてはいたが、その日が遂に来た。あとは、畑が広がり、農民に会えた。へたな中国語で、「我是日本人……」。なんとか通じたらしく、手招きで「ついて来い」と先に立つ。

連れて来られたのは、国境警察隊の前線基地の一つ――老黒山隊とか。日本人の隊長から、いろいろと訊問され、慰められ、励まされた。粟粥を出されたが、ノドを通らない。一週間、蘆の芽を摘んで食べてきたのが唯一の食糧だった。もちろん川水はふんだんに飲んだ。それにしても、ほとんど絶食に近い状態だったから、胃が受けつけなかったらしい。

～中略～

休む間もなく、中国人の隊員に護られて、東寧の憲兵隊へ向う。すでに作業用の地下足袋は破れ、半分はだしのまま、炎熱の山道を行く。針の上を歩く思いだ。その隊員と片言まじりで何を話したのか、それとも無言のまま歩き続けたのか、記憶にない。

憲兵隊に着くや否や、「貴様はそれでも日本人か」と鬼軍曹に一喝された。何のことか分からない。きょとんとしていると、傍から隊長らしい将校が、「君は逃亡兵と疑われているんだ」と教えてくれた。国境を越えてソ連に逃亡する兵隊が何人もいたらしい。隊長から「山道に迷う兵隊も少なくない。参考にしたいので、一週間の経験を詳しく話してほしい」といわれて、ようやく落ちついた。そのとき付近の地図を見せていただいたが、一週間の行程は三十キロに過ぎなかった。「たかが三十キロ、されど三十キロ」か。

同じような思い出がもう一つ。滝川塾頭先生に連れられて建大に帰ったときのこと。尾高副総長にお詫びに伺ったが、そのとき「お前は、恐れ多くも、陛下の一個中隊を動かしたんだ」と語気を強めて叱責された。あの温厚な将軍の、シンの強さを垣間見る思いだった。

逃亡したかどうかは、憲兵隊に出頭された滝川先生が、塾頭としての所見を諄々と述べられたようだ。その間、私は、ズボンのベルトをはずされて、独房に監禁されていた。後刻、宿にくつろいだとき、先生から「テントに残してきた君の持物の中に『蓮如上人御一代聞書』と『平賀元義歌集』(いずれも岩波文庫)があったので、憲兵隊も〝赤の学生〟という疑いを捨てていたようだ」とお聞した。

建大に帰ってからは、衞生委員の湯治さんが、至れり尽くせりの介護をしてくださった。～中略～勤労奉仕に参加した建大生(二期から五期)に一生頭があがらないが、とりわけ

滝川先生と湯治さんには、人一倍のご心労とご苦労をおかけした。心からお礼を申しあげたい。〃

4　熱河実習、夢はるか――

先川祐次（一期）『歓喜嶺　遙か』（下）の記述は、大同学院に籍を置いていた建大一期の卒業生六人が熱河を研修旅行した様子を、先川祐次が綴ったものである。

建大では、教員と学生、あるいは学生のみのグループで、この種の研究旅行が常々行なわれていたが、取り上げた「熱河実習、夢はるか――」こそは建大生の実像に迫るものである。筆者の著者への手紙（二〇一九年二月四日付）と共に次に転記する。

承徳は高い山の中腹にあったような記憶がある。機関車がセカセカ蒸気を吐きながら長い上り坂を進むと、右手の山頂に異様に巨大な石柱が立っているのが見える。駅に着く三十分も前から見えるのだから、多分その高さは何十メートルもあるに違いない。承徳の日本人たちは「珍宝岩」と呼んでいた。荒削りだが、いわれてみればそう見えないこともない。～中略～

それはともかく、新京を出てからずっと車中でひそかに話し合ってきた我々の計画は、まだなんとなくホラの域を出なかったが、ここに来て承徳の幻想的で妖しげな眺めを前にすると、孫悟空にでもなった気持で、実現できそうに思えてきた。

実習旅行に熱河省に行く、どうせ行くなら長城を越えよう。そして北京に入り、中支から南京へ、最終目的地はシンガポールに、というのが我々の「密議」の内容であった。

太平洋戦争の風向きが怪しくなっていた昭和十八年の初秋のことである。建大卒業の前から大同学院にはいるかどうかがだいぶ議論されていたが、結局、同じ釜の飯を食い、学院先輩たちの後に続くというようなことで短期間の学院生活となったようである。熱河旅行は学院の先輩たちを現地に訪ね教を乞うための大同学院研修の旅のはずであった。

九月に入ったころで、～中略～我々熱河実習の一行は承徳を見物したのち、各班に分れ地方実習に向かうことになっていた。わたしたちの班は、小山丞、星野正一、入江光太郎、尹敬章（註　満系・満洲族）安光鎬（註　鮮系）それにわたしだった。今考えると、若気の至りの悪乗りもあったに違いないが、現実味も帯びたのにはわけがある。星野の親爺が総務長官で、南京には軍政顧問の石渡荘太郎がおり、シンガポールの司政官も親しい友人でそれにコネがある。実際、星野が行きたいと打診の電報を打ち「どうぞいらっしゃい」と返事をもらっていたので本気になった。

承徳見物もそこそこに、われわれは希望して長城をへだてて華北と接する興隆県に向った。

きであった。

～中略～治安も悪い。夜は八路軍の天下、何があるかわからないと脅かされながらの現地行きであった。

熱河の地形は満洲には珍しく切り立った山の連続で、掛け軸で見た北画の墨絵そっくりである。～中略～わたしたちは警察隊に守られた物資輸送の車両隊に随行した。～中略～

ある日わたしたちは討伐隊にくっついて現地視察に出かけた。～中略～われわれも武装させられた。あてがわれた銃はドイツ製のモーゼル銃で、銃剣も日本のものとは違って両刃の短剣だった。～中略～討伐隊は警察と同じ制服を着てゲートルを巻いていたが肩章は付けていなかった。みな青白い顔をしていた。阿片中毒だからで、山道を歩きながら生の阿片をチユウインガムのように齧《かじ》っていた。八路軍の遊撃隊が浸透しているというので住民は集団部落に集められ昼はそこから自分達の畑に通うようにさせられていた。それでも、こっそり八路軍と通じている部落があちこちにあって「通匪部落」と呼ばれていた。われわれはなるべく「通匪部落」を選んでテントを張り野営した。そのほうが襲撃されず、かえって安全だからといわれていたからである。～中略～

残念なことだが、大東亜共栄圏とか五族協和とかいう言葉は、ここでは空念仏に過ぎず、集団部落をめぐる討伐隊と八路軍の攻防の陰で良民たちはコレラにあえいでいた。～中略～

尹敬章が土地の農民から聞き出した話では、熱河に浸透してきた八路軍は第十二連隊で、連隊長は穿《せん》山虎といい精鋭で鳴らした部隊、討伐隊なんか眼中にないといっていたそうである。

　興隆に滞在中、副県長の指示で夜の討伐隊についていったことがある。闇夜に満天の星、隊列にまじって一列で山道を登っていたとき、突然前の方で銃声が一発。「建大生は最後尾につけ」と抑えた鋭い声が飛んできた。われわれ六人は無言で走り抜ける隊員たちに置いてきぼりにされ、いつのまにかしんがりになってしまった。

　細い山道の足元は深い谷である。途端に、ヒュー、シューッと耳元を弾がかすめた。その辺の岩に当たってパチッ、パチッと火花を散らす。どうやら谷の向こうの稜線と我々の後ろの山の方から撃ってくるらしいが膝がガクガクして足が地に着かない。先頭が小山だったか尹敬章だったのかは覚えていないが、私の後は入江でその後が安光鎬、星野の順になった。星野が「俺も前にしてくれよ」というが、こちらもそれどころではない。あとで入江に聞いた話だが、星野が前に割り込もうとするのを安光鎬が「規律を守れ」とかいって振り払ったとか。その入江も「前にしてくれよ」とわたしを後ろから引っ張ったのだから他人のことはいえない。もちろんわたしも闇の中で顔を引き攣らしていたのである。今考えると一番落ち着いていたのは尹敬章だったのかもしれない。～中略～

　八路軍についてはもう一つ思い出がある。副県長のファイトにあおられるようにわたししたちは六人で集団部落をあちこち訪ねて歩いた。民家に泊めてもらうこともあったが、貧しい住民たちが気を遣うのと、コレラが恐ろしいのとで大抵空き地を選んでテントを張って泊まった。ある晩、通匪部落だから大丈夫だと高を括って天井からランプを提げ、トランプに打ち興じた。ツーテン・ジャックだったかポーカーだったか忘れたが、星野の指導で熱中した。ところがどうしたわけか入江が勝ちまくりどうしようもない。夜十時ころになっても勝ち続けるので私が「そんなに勝つと死ぬぞ」と冷やかしたら本人は本気に気味悪がって、もう止めようということになった。そのとき、猛烈な夕立になった。水が川のようにテントの中に流れ込んでくる。仕方がないので、例のモーゼル銃用の銃剣で四隅に溝を掘り、やっと浸水を食い止めた。ぱったり雨が止んで、毛布にくるまった途端、パーン、パーンと闇夜をつんざく銃声。どうやら部落の下を流れる川の対岸から撃ってくるらしい。夢中でランプを消し、地べたに這い蹲《つくば》った。ヒュウー、ヒューと流弾が闇を引き裂く。プスン、プスンとテントを貫いたような音さえする。一同声も出ない。そのうち、ざわざわと人声がして敵はどうやら川を渡り、土塀を乗り越えてこちらに来そうな気配である。私の頭の中は八路軍に捕まるという思いでカーッとなった。そのとき闇の中から「俺が話してくる。おまえたちじっとしとれ」と尹敬章の声がした。しばらくして彼はテントの裾を揚げてのそっと帰ってきた。「どうした?」とみなが不安気に聞いたが、彼は黙って毛布に潜り込んでしまった。いつの間にか外は静まり返っていた。私たちは捕虜にされるのを免れた。何があったのかは知らない。このときのいきさつを最近本人に問い合わせたが触れてこない。何かの事情があるのかも知れないが、とにかく尹敬章のおかげで命拾いしたのは事実である。〜中略〜

この原稿は中国の尹敬章、韓国の安光鎬、それに入江光太郎、小山丞の諸兄からもそれぞれの記憶を寄せてもらい、集大成した。亡くなった星野を含め合作ということで、長稿をお許しいただきたい。

（先川祐次、一期）

――＊――

さて八路軍の襲来をうけた時、「話して来る」と出掛けた尹敬章の行動について本人は一言も話さず、また誰も問いただささなかったので、その事情は明らかになっていなかった。

このことについて、筆者宛の手紙（先川祐次・二〇一九年二月四日付）の中で次のように説明されている。

〝建大卒業後の秋、大同学院から研修のため熱河省の興隆県に派遣されたとき、私たち一行は入江光太郎、小山丞、星野正一、安光鎬、尹敬章、それに私の六人でしたが、部落にコレラが流行っていて、民宿ができなかったので村の広場でテントを張って泊まっていた夜、八路軍の襲撃を受けました。激しい夕立の後、夜十時ごろでしたが、銃声の接近とともに土塀を上がってくる気配が迫り、私たちは声もなくチジミ上がっていました。そのとき、闇の中で尹敬章が立ち上り、「静かにしておれ、話してくる」と出ていきました。足音がやみ、しばらくすると、引き揚げていく気配が感じられました。

尹敬章がだまってテントに入ってきましたが、シーンとして誰ものを言わず、そのご問わず語らずでした。話したら大変なことになると誰もが瞬間的に持った共通意識だったと思います。

戦後、尹君が福岡の私の家に泊まったとき「どうしてあのとき?」と尋ねたら「ポンユウ(朋友)だからさ」とあっさり、彼の説明によるとラーストエンペラーの親族は合わせて三十七人、自分もその末端のひとり、尹は清朝皇族が平民となったときのファミリーネームだそうです。満洲国皇帝と八路軍は勿論敵対関係にあるが、それはそれ、なにかに備えて裏のチャンネルは持っておく、自分の役割は八路軍の攝少将との情報交流だったと話してくれました。

考えてみれば私たち一行の星野は総務庁長官の息子、安光鎬の親父は李王殿下の侍従長で陸軍少将、小山の親父は北京同胞会の会長だったのですから、八路軍に捕らわれれば大事件になっていたはず、尹君にしても衝動的に立ち上がったらしいのですが「ポンユウだからさ」ということばには説明の要らない熱いものを感じさせられました。こうした背後関係が空言でなかった証拠に尹敬章は陸軍大学大学院の日本語教授となり専門は「候文」、中将待遇で夫人は湖南省出身の共産党幹部。年金が月三〇〇〇元とかで、毎月末には政府から花とお菓子の差し入れがあるが、最近はお手伝いに来てくれる人がいないと国際電話で私と日本語で話すのが楽しみな晩年でした。〃

なお、尹敬章氏は二〇一四年十二月二十八日なくなっています（『建国大学同窓会会報』第九十四号、二〇一五年〈平成二十七年〉九月九日発行）。

5　森崎湊・自刃のこと

〝森崎湊（四期）は昭和十九年八月十日三重海軍航空隊に入隊、昭和二十年六月一日海軍少尉候補生、特攻要員となり、昭和二十年八月十五日敗戦に際会し、翌十六日単身割腹自決した。〜中略〜森崎は親友吉武某に、自分が自決することによって全部隊の覚醒をうながし、無益の犠牲者をすくなくする旨うちあけて短刀を譲りうけ、十六日中は食事を断ち、明朝まで身辺を探索せぬよう伝言した。翌朝、遺体が発見されたが、留守隊長伊沢少佐の言によると、現場は伊勢湾に面した海岸の松原で、周囲の砂を掃き清め、靴の上に帽子、遺書、短刀のサヤをのせて正座し、はじめ指を切って白いハンカチに「一念」の血書をしたためて膝の上にのせ、左腹より右に切りあげたのち頸動脈を切り、左胸部をつき刺して前にうつ伏に倒れていた。下腹には木綿の白布をしっかり巻き、割腹に使った短刀は自分でひきぬいて前に置き、正座を崩さず、実にみごとな自決であったという。三重海軍航空隊は翌十七日森崎の遺書を公開して葬儀を行ない、十八日より解放復員を開始して他に累をおよぼさなかった。〟

（『森崎湊遺書』昭和四十六年七月、図書出版社）

森崎湊と心をかよわせた友、桑原亮人（四期）は次のように語る。

森崎の決意を見よ

〝森崎と小生は同県人である。彼は最初の夏休みで帰郷したまま、大学に戻らず、そのまま、海軍予備生徒に出願して軍門に投じてしまった。

彼の出陣祝いの当日、私は招かれて彼の自宅を訪問、お祝いの席につらなり、その翌日は、ＪＲ久留米駅頭で彼を見送ったが、彼は発車していく車の窓から顔を出し、私の方を向きながら「もう会わんばーい」、と大きな声で手を振りながら、別を告げて出征していった。彼の向った先は、海軍予備生徒として三重練習機訓練隊であった。～中略～

私は建大四期生の旅行会の世話役を続けてきたのだが、ある年宇治山田宿泊の機会に恵まれ、私は伝手を頼って森崎自刃の跡を確認しようと思って、三重航空隊跡地に行き、同所にある記念館で、この四十号に掲載している森崎湊の軍服姿に対面できた。

私はその後、案内されて彼の最後の地香良州《からす》浜まで行き、小高い松二、三本が残る海辺のそばで東方を向いて彼は見事な自刃を遂げたと聞かされた。彼の堅い決意は写真がよく

軍服姿の森崎、
鋭い眼差が固い決意を物語る。

この香良州浜で森崎は東方に向かって自刃した。

（建国大学四期生会誌『楊柳』第40号〈終刊〉より）

伝えてくれている。彼が最後の地となった香良州浜で東方に広がる海辺も写真が示す通りで立派な記念館もある。

私は戦後東京で職に就いたが伝手をたどって、彼のすぐ下の実弟、森崎東氏（映画監督）を訪ね、湊君のことをいろいろ聞いたり、懇親の機会に恵まれたが、湊君は大牟田商業校開校以来の大秀才として周囲の期待も大きかったことがわかった。私も短期間ではあったが、共同生活の中で彼の器の大きさがよく判った。四期生の中でも出色であった。〝楊柳〟終巻にあたり、私はどうしてもわが塾友、森崎についてもふれたいと思って書きはじめ、個人の抑留生活報告にまぎれてしまったが、気持だけは察してほしい。〟

（『楊柳』第四十号　平成二十年）

森崎最後の地を訪ねる

〝十月（註　平成七年）二十九日朝六時すぎ東京を出発、名古屋乗り換え、ＪＲ津駅で下車、バスで香良州浜に着いたのは十時すぎであった。

海岸へ向って歩いていくと、すぐ左前方に軍艦旗がはためいているのを認めた。それを目当てに行くと右の門柱に「三重海軍航空隊」、左の門柱に「若桜福祉会」とある。福祉会の二階は遺品室になっており、森崎の血書「一念」「南無妙法蓮華経」やご両親その他への遺書、遺影、短刀、壮行会で贈られた寄せ書きの日章旗などが陳列してある。私はこれらの品々を暫し凝視し続けた。これから伝わってくるのは彼の最後の覚悟の堅固さであった。彼が望んだ通り日本は驚異的な繁栄を続け、遺族の森崎家の皆さんも立派に家を守って社会や郷土の中にあってつくしておられる。森崎よ、安心して眠れ、と心の中で呼びかけながら私は深々と拝礼した。

この福祉会の世話をしておられる丸山よし子さんの、自決の場所に案内しましょう、という言葉に甘えて、正門からは裏手、東側にあたる浜辺まで自転車を借りて同行して行った。そこが香良州浜であるが、開発のショベルカーの騒音が、ここまで及んでおり、昔を偲ぶよすがとてないが、ただ、浜辺の五、六本の松は当時からのもので、森崎自決の場所は、その数本の松の一番海辺の木のそばであった由、私は黙禱をささげた後、三、四枚カメラに収め、あたり浜辺を歩き回って周囲の光景を見渡した。折から雲が厚くなり、程なく本降りになった。私はこの雨は森崎が喜んでくれている涙雨に違いないと思った。

汽車の時間が迫ったので、丸山さんに御礼を述べ、福祉会を後にしたのであった。〃

（『楊柳』第二十七号　平成七年）

森崎の予備生徒同期生の手記

森崎湊が割腹自殺したのは昭和二十年八月十七日未明のことと伝えられているが、彼が所属した三重航空隊の会報に特集が掲載されている～中略～さわりの一部分だけを紹介することとしたい。（抄責・桑原）

〝(仙波弘男氏）数年前、森崎湊の日記が出版されたことを知った。同じ分隊、同じ班であり、しかも隣のベッドで寝起きし常に行動を共にした森崎の日記である。大きな期待をもって入手したが、内容をみて言葉ではいい難い程の衝撃を受け、いい知れぬ憤りを止めることが出来なかった。

「聞けば兄（森崎のこと）は航空場では一種の狂人として遇されたという。勝手にグライダを引張り出して乗り回す。時には正門から脱柵して対岸の紅燈の巷に単騎独行する。当時の軍律ではほとんど信じられぬ奇行が許されていた……」とあるが冗談ではない。われわれの軍隊生活はそんな甘いものではなかった。訂正するのさえ馬鹿馬鹿しい話である。

八月十七日朝、甲板学生であった私は作業服に着替をしていると、甲板士官から直ちに森崎の毛布を持ってカッター海岸に急行するように伝達があった。私の隣が森崎のベッドであった。毛布は綺麗に整頓されていたので一枚を持って海岸に走りながら異常な胸騒ぎを止めることが出来なかった。

海岸に着くと、松林を背にして銃剣を持った衛兵が立哨しており、軍用犬が数匹放されていて、ものものしい空気が充満していた。私は衛兵に導かれ林を抜けて海岸に出た。そこに森崎が正座したまゝ俯いているのが目に入った。正座している方向は東であり、右側に作業服と戦闘帽がきちんと置かれているのを見ていた。

しばらく時間の経過があって、軍医が二名、検死のために駆けつけてきた。まず私が持ってきた毛布を敷いた上にすでに事切れている遺体を仰向けに寝かせたが、まだ硬直はしていなかった。

まず上半身を検査したが、左胸部に三ヵ所の突き傷があり、出血は非常に少なかった。この三ヵ所の傷は、二ヵ所は浅く、一ヵ所は心臓の下を背中に抜ける程の深さであった。それにもかゝわらず出血が少なかったので致命傷ではないと判断された。

しかも他に傷がないことが不審に思われ、どこかに出血の多い傷があるであろうと、バンドをゆるめてズボンを少し下げたところ、多量の出血が認められ、左腹部から右へ一直線に割腹していることが認められたのであった。

その夜通夜が行なわれ、翌日葬儀の後、近くの火葬場において班員たちの手でダビに付

され、遺骨になって帰隊した（中略）

今、思いおこせば森崎の聡明な頭脳と実行力を備えた肉体こそ、戦後の国家再建期を通じて、わが国が最も必要とした人材ではなかったかと残念でならない。

（山口清氏）豪放磊落、好漢の森崎とは妙に気が合い、よく天下国家の論議に花を咲かせたものだった。しばらく瞑想すると、ニキビでたくましい赤ら顔の森崎がいる。相変らず素足で腰にはタオルをぶら下げ飄々としている。

「オーイ、今夜やるか」「ヨーシ」忽ち事は決した。掃除用バケツをぶら下げて炊事場を襲う。炊事兵の制止を払いのけ、大釜の蓋を取り、縁まで盛り上った飯の上にバケツをかぶせふんばって掬いあげる。浜に行って月にかゞやく伊勢湾を前にして素手で頬張る彼の顔、してやったりと満足そうな目。

分隊の編成替えがあり別々になったが、終戦間近いころ、ひょっこりやって来て久しぶりに話し込んだ。話題は専ら敗戦後の日本の惨状への思いや、日本人に対するアメリカの復讐の仕方等であった。悲憤慷慨する彼の様子がひときわ強く映る。

話は熱をおび切腹のことに及び、二人で交互に軍刀を腹に強く押し当て、切腹の仕草をする。プスッといきそうで途中でやめる。彼曰く「人間の腹の皮は案外厚いんだなア」真剣な顔付きだったが、彼の自刃はこの頃からすでに決意していたのであろう。

往時の武士でさえ、介錯を要した切腹なのに彼は若き身で介錯もなく月を仰ぎ飯を貪り喰ったあの浜で一人見事腹かき切って自刃した。是非はともかくとして、彼の強靱な精神力と勇気にはただただ驚嘆と感動あるのみである。〟

（『楊柳』第二十号　平成元年）

「遺書」配慮たりぬ軽率な編集
故人のために惜しむ

〝「もう会わんバーイ」大きな声をプラットホームに残して彼の乗った汽車はスピードを上げていった。

時は昭和十九年八月九日、所は九州久留米駅頭、彼とは故森崎湊である。今にして私には残していった彼の言葉の意味がひしひしと胸に迫るのである。

私は森崎の『遺書』を読んで自らの卑小さを思い知らされるばかりで彼の大きさ、純粋さに感服する外はないのだが、この度の出版については二、三ぜひ物申しておきたいことがある。

その一は実弟森崎東氏に対してである。名の通った知識人である彼が、尊敬する実兄の日記を出版するに当たって最小限の心くばりさえ怠ったのではないかということである。

日記は本来公開する目的では書かれていないものであろう。それが生のまま出されたので石田（勝、大日本武徳会武道専門学校卒、助教授、一九四六年シベリアにて病死）先生や水島（利喜男、二期）さんに対して、はばかり多いものとなってしまった。

もう一つは退学の理由について編者泉三太郎氏が述べている件である。日中和平決死隊というような大それたことを起居を共にしていた同塾生が誰一人知らずに策謀することは不可能である。森崎を知る人は彼がそんな児戯に類することを企てるはずがないと信じているにちがいない。

いずれも東氏が建大関係者に一声かけてくれれば済んだはずで、労を惜しんだ軽率な編集のために過小評価どころか反発を受けることになったのは森崎を今も敬愛しているわれわれにとって痛恨事であった。

同塾の山田俊一が森崎のことは黙って胸にしまっておこうと制止したのに敢えてここで取り上げたのは、どうしても以上の点を指摘しておきたいという気持だけであって、とても建大のワクを飛び出した快男児森崎湊を画こうなど私の力でできるものではない。〃

（桑原亮人『楊柳』第二号　昭和四十七年九月刊）

6　建国大学学生時代の思い出

董国良（果良）三期・満系

私は植民地官吏養成を目的とする建国大学の教え子でありましたが反満抗日に従事して、勿論日本帝国主義の大陸政策と相容れなく関東軍憲兵司令部に捕まえられたこともあたりまえです。

そこで、私は建国大学にとっては悪い学生です。しかし、私は自分が建大諸先生の良い学生であったと思います。何故かというと私は先生の教える通りやって来たのでした。作田先生は「国心」講話と「国家論」授業の中で人間が自分の国家を愛すべきことを我等に教えさとしました。

私は自分の国家を愛した。但し、私の愛した国家は日本軍国主義の樹立した傀儡国たる満洲国ではない。この方向に、日本同窓も私に手本を示した。用中国語説、是起了示範作田。人間になりなさいと教えてくれました。私も先生の教えに従ってやってきた。私の死んでも忘れられないことは、一九四三年秋先生はわざわざ当時の新京監獄に足を運んで私を見舞うとき、日本人看守は先生を責めて、面会を許さず、私は窓ガラスから先生が悲しい表情で監獄の大門を出て行く姿を見て、目から涙が溢れたのです。

日本敗戦後、私は監獄から出て来てから、八月十六日すぐ先生（註　小糸夏次郎）のお宅に伺い恩に報いました。その時、向井章（京大卒・教授）先生と原田種臣（広島文理卒・教授）先生にも会いました。その後、先生（註　小糸夏次郎）は行方不明、一九八〇年建国大学同窓会名簿で先生はアルマアタで病死したことを知り、ただ先生の冥福を祈るだけで、墓参り出来なく、甚だ残念です。

森下辰夫（京大卒、教授）先生も懐かしい。今、私がフランス語翻訳で暮らしを立てるのは、全く先生の苦心の教育の結果です。一九四五年冬から一九四六年春まで、長春で私は出来るだけ先生を手伝ったのですが、そのとき私も困っていたので、大したことも出来ませんでした。しかし、薫夫人は今も東大阪市に健在でいることを知り、なによりの喜びです。将来、チャンスがあれば、日本に行って奥様を見舞いに行き、先生の墓前に一束の飾花をささげて、教え子の情誼を表したいと思っています。

思い出すことが沢山ありますが、今度は、ここで終わります。（終）

（会誌三十七号『包子《パオズ》』三喜会　平成三年五月）

7　身辺雑話

滝川游軒（惇・拓大卒・大同学院五期・塾頭・助教授）

～前略～昨年の楊柳会のすぐアト。十一月のことであった。綺羅びやかな黄金色の蒙古服で、蒙古刀を腰にした大男のオルトムト君（二期）が同期の橘（満雄）君につれられて拙宅を訪ねてくれた。流暢な日本語だ。私のせまい書斎の壁間には、蒙古独立の志、ついにならず中途にして斃れた悲劇の主・徳王の書が掲げてある。徳王から私あてのものである。蒙古の独立は私にとっても青春の夢であった。しかし徳王は中国にとって漢奸の最たるものである。徳王の書など今日の中国にとって、きついご法度であることは言うまでもない。

オルトムト君の感慨はいかばかりであったか。彼は徳王等とともに長く獄に繋がれていたのであったから。

帰国後、北京で療養中であったのにもかかわらず偶々尋ねて行った大塚（宗元・三期）池下（耕市・四期）君に托して書物など送ってくれた。

何もかも見果てぬ夢となった今日、只々、彼の、そして彼ら民族の前途に、幸多かれと、心をこめて祈るのみである。

来年のこの会、せっかく太仁善君（鮮系・四期）の熱意、松岡（一郎・四期）君の肝入りも察して、できるだけ多く参加しようではありませんか。ではまた一年後を楽しみに、元気でお逢いしましょう。（平、元　十一　十八誌）

（建国大学四期生会誌『楊柳』第二十号、平成元年十二月十日）

8　建大後期忘れ残りの記

坂部正晴（一期）

～前略～昭和十六年に運よく後期一年に編入が許され、以来二年六ヵ月、歓喜嶺で生活したことは紛れもない事実であり、そこには尊敬に値する師がおられ、素敵な若者たちがいた。とすれば、私の青年前期の人間形成にとってそこでの歳月は相当な存在感を持って然るべきであるし、学恩に対する感謝の想いも当然なければならないはずである。なのに、往時漠としてなんともとりとめなく、焦点が定まらないのは何故なのだろうか。前期体験欠落がその原因であって「建大のエスプリは前期で燃焼し尽くし、後期の輝きはその残照だったのではあるまいか」と長い間思い込んでいたが、不毛はやはり当時の私の荒涼たる心象風景とひたむきさの欠如にあったということに最近やっと思い至った。

昭和十五年末、私はハルピン学院の最終学年三年に在学、満鉄に就職も内定し、翌年四月に迫った卒業を持つばかりだった。しかしそのころのハルピンはもう、かつてこの街が持っていた典雅さ、優しさ、物憂ささなど最もハルピンらしい心ひかれる雰囲気を急速に失い、次第にギスギスした嫌な街に姿を変えつつあった。建国神廟を礼拝することを拒んだロシア正教の司教が憲兵隊の留置場で不審な死に方をしたのもこのころだったし、三月十日の陸軍記念日―この日はロシア人にとっては屈辱の敗戦記念日に当るわけなのに、国防婦人会員の襷を掛けて、忠霊塔を参拝させられ悔し涙を流していた白系露人を見かけたのもそのころの割り切れない思い出の一つである。

ノモンハン事件に通訳として徴用された上級生は寡黙な人になっていたし、長期化する日支事変も身近に感じられ、なんとはなく、私も間もなく戦場で死ぬだろうと漠然と予感していた。そして重苦しい時の流れに心楽しまず、次第に屈折していったようだった。～中略～

無為と怠惰、それでいてなにか変化を望んでいた当時の私を迎えてくれた建大後期の生活は、それまでの私の生活には無かった部分で満たされていた。つまり出自、価値観、趣味、伝統などがそれぞれ違う複数の民族が寝食を共にして、密接に関わり合うことで、なにものかを追求しようとしている力のようなものが感じられただけに、塾生活は私にとって新鮮なものだった。～中略～

またその後、いわゆる反満抗日事件によっていくたりかの同窓が検挙されたとき、先生方は狼狽されなかっただけではなく、「諸君は破廉恥罪で捕らえられたのではない。民族のために、自ら信ずることを命がけでやろうとした政治犯である。胸を張って生きて欲しい」と激励されたということを聞いて身震いするほど感動した。この言は、透徹した史観となみなみならぬ勇気の裏づけ無しには吐くことのできないものであることを心に銘記すべきである。

～中略～

しかしこの心に響く出来事が「王道楽土」「五族協和」とどう結び付くのか私にはよく分からない、というより、次元を異にするもっと原初的で素朴な情緒と想念の世界に関わっているもののように思えてならない。それは、「真実とは何か」という命題の追求に他ならない。～中略～

ともあれ、歴史の悪戯ともいえなくない経緯で、健大一期生として入学してきた当時白系露人と呼ばれた五名の学生であった、フセヴォロード・ワシーリエヴィチ・チェウソフと四十四年ぶりで、しかも東京で再会したことは、私にとってはたいへんな驚きであり感動であった。単に旧友に久しぶりに会ったという懐かしさといったあっさりしたものでないことは、その出会いと別れに尋常でないものがあったからに他ならない。

というのは、～中略～彼とは建大卒業後、終戦を挟んで、ウラル山中のチゲン政治犯ラーゲリで数ヵ月間、苛烈を極めた運命をともに堪え抜いた間柄であったからである。

ウラルで別れたとき彼がいった言葉がいつまでも心に引っ掛かっていた。「……俺たちには一生、ピャトナー（汚点、染み、汚名）がつきまとうんだ……」

五月五日、新幹線上野駅に出迎えて、しばらく言葉も出ない。再会を喜び、まず、一別以来の生活をせっかちに聞く。四十四年前別れたとき予感した運命に大きな誤差はなかったようだ。でも、もう彼の身辺には例のピャトナーの影はなく、すでに名誉回復され、こうして大手を振って日本に来れたこともペレストロイカのお陰だとまことに晴れやかであった。

しかしここまでの道程は、まことに険しいものであった。チゲン政治犯ラーゲリでの四ヵ月の苛酷な生活であの頑健な彼も健康を台無しにしてしまい、死の直前までいったという。正式裁判もないままに、(旧)刑法第五八条の適用を受け十五年の刑に処せられた。しかし執行刑期四年を残して服役十一年で釈放された。その後歴史の大きなうねりの中で一九六七年には名誉回復され、緩やかに社会に溶け込んでいった。釈放後、二児の母であった共産党員の女性と知り合って結婚し、現在は三人の孫まで生まれて平和で幸福な生活を送っていることがうかがえて感慨無量であった。

二十三日間の日本での滞在を終えて、元気いっぱい彼は五月二十六日帰国した。〜中略〜

歓喜嶺からウラル、そしてシベリアへの彼の険しく長い人生の旅路ももう殆ど終わりに近い。そしてひととき交錯した私の旅も間も無く終わるだろう。

もう我々には新しい友人はできないだろうし、もう要らない。古いものをもっともっと大切にしていこう。

（『歓喜嶺　遙か』下、平成三年〈一九九一年〉六月）

9　建国大学学風を回顧しながら

姜英勲（鮮系・新三期・元韓国国務総理）

〜前略〜言うまでもなく王道楽土、五族協和、道義世界の旗幟を高く掲げた満洲国の基本的性格が現実の政治に於ては、世界に公表した建国基本理念と表裏不同に終わったにせよ、将来の新生理想国の指導者にならんとして参集した青年達が、共に学び、寝食を共にし、苦楽を共にしながら、人格を陶冶し、学問の蘊奥を極わめんとして、共同生活を通じて培養された五族間の友情は、国滅び、山河変りし今なお煌々と輝いている現実を建国大学同窓生誰もが見逃してはならないし、また、建国大学同窓だけが持ち得る誇りでありましょう。

そういう異民族間の友情を育んだ建国大学の学風とはどんなものであったのでしょう。

何よりも作田副総長の国家観及び国家論の講義を回想しなければならないでしょう。

作田副総長の国家観は大まかに言って、自由民主主義国家観を越えて、国家の全体性を明らかにし、共産主義革命の国家観を批判して、民本主義による福祉国家の建設によって人類共栄の理想国の標本造りにあったと思われます。

このように自然発生によらず、一定の本義による確固たる意思の産物であるのが満洲国であったために、如何にして王道楽土、民族協和、道義世界を建設して行くかという立場に立って、理想国家建設にあたる指導者が必要とする理論的準拠のために、作田先生は学問的に方法論として政策学の理論体系を発展されたものと思われます。～中略～

作田先生は政策も学問の一分野であると断言し、目標・立場・視覚の選定とその関係の分析において、仮定の想定、方策の決定等に関する理論を発展させました。

現今の欧米学界でも政策学（POLICY SCIENCE）という学問が、国際政治理論の分野での一側面を成しているのを見る時、作田先生の先見の明を考えざるを得ません。

作田副総長の政策理論が、建国大学の学生達を受動的なそして消極的に現在の順応するような「勉強の虫」たらしめず、積極的にそして能動的に現在を土台として未来に向かって奮発する生活態度を育成するのに寄与されたと思うのは行き過ぎた考えでしょうか。

その代り日本国内の大学生からは建大生は大言壮語ばかり言っているという批判があったのも事実です。～中略～

何はともあれ、このような特別な学風と塾生活における民族感情を越えての友情の焔は、同窓生各人の胸の内に、今なお燃えており、今後も限りなく燃え続けることでしょう。～中略～

民族協和の旗幟の下、建国大学に学んだ五族同窓の胸に、今なお燃えている友情の焔こそ、二十一世紀の世界化時代に道義世界、人類共存共栄の新天地を明るくする火種となる事を念願して止みません。～中略～

建国大学の校門が閉ざされて、既に半世紀が過ぎて二十一世紀の世界化時代が始まらんとしている今日、建国大学の学風、道義世界、五族協和の精神こそ新時代の指導理念として咲きかえることを念願して止みません。

建国大学第七期同窓の皆様の御健勝御健闘をお祈り致します。

（建国大学七期生会誌『朋友們』第九号平成十三年）

おわりに

私は少年時代を満洲の軽井沢と言われた北満の扎蘭屯《ジャラントン》で過しました。街は白系ロシア人がつくったもので美しく、ロシア人の食堂もあって白系ロシア人も沢山住んでいました。そんなことでロシア人に親しみを持ち、更に従兄弟がハルビン学院に在学中でしたので、従兄弟が夏休みにわが家に来て一緒にロシア人の食堂に行ったものでした。ですからハルビン学院は少年時代から身近な存在でしたが、建国大学は名を耳にした程度で頭のすみにあるだけのものでした。

その建国大学が視野に入るようになったのは、大同学院の同窓会にかかわって新橋の善隣協会に行くようになり、新年会でたまたま同じテーブルで隣り合せとなった建国大学四期生の故桑原亮人さんの手びきで建国大学の同窓会に入れていただいてからです。

建国大学は石原莞爾の発想から生まれたものですが、私には石原莞爾については、満洲から引き揚げて来た昭和二十一年に始まった極東国際軍事裁判（東京裁判）と深い関係があります。

この裁判、勝者が負者を裁くのに私は反対しておりました。昭和二十二年五月一日の酒田の特別法廷での石原莞爾の発言は大きく世間を沸かせましたが、この酒田の石原証言もさることながら、前年逓信病院に入院中、国際検事局の尋問に石原莞爾が「ペリーを連れてこい」と発言、私は大感動でした。これより石原莞爾は私の昭和史に大きな影を落とすことになりますが、加えて昭和三十年末、シベリアより帰られた石原莞爾が最も信頼していた伊東六十次郎さんとご縁をいただき東亜連盟同志会に籍を置くことになりました。

こうして私は石原莞爾と建国大学に深くかかわることになりました。

さて、建国大学同士の方々との交わりの中で、「建国大学」執筆が私にという空気になり、本書になった次第です。

故桑原亮人さんや同窓会長の二期生故藤森孝一さんはじめ多くの建国大学同窓の方々から御指導、御助言をいただき、特に七期生の故鈴木昭治郎さんからは貴重な建国大学関係資料を大量に御提出いただき厚く御礼申し上げます。

建国大学こそは、新生満洲国とあいまって世界に冠たると申し上げてよいかと思います。

私はこの歴史的意義をもつ建国大学の一端に筆を染めながら理解の至らないことを恐れるのです。

なお出版に際しましては、鳥影社の編集責任者の小野英一さんに深い御理解をいただき感謝いたしております。ありがとうございました。

参考文献

建国大学『建国大学要覧』康徳六年〜十一年
建国大学『建国大学便覧』康徳四年
建国大学『研究院月報』一号〜四十五号（欠四十二号）康徳七年〜十二年
建国大学塾編輯『塾月報』一号〜七号　康徳九年〜康徳十年
建国大学『建国大学要覧・研究院要覧』康徳九年〜康徳十一年
満洲帝国協和会建国大学分会出版部『建国大学研究院研究期報』第一輯〜第五輯　康徳八年〜康徳十年　弘文堂
建国大学『塾生心得』康徳十一年
建国大学同窓会『建国大学同窓会名簿』平成二十一年五月現在（二〇〇九年）
建国大学同窓会『建国大学年表要覧』藤森孝一、鈴木昭治郎編、『建国大学教職員録』鈴木昭治郎編　平成十九年
湯治万蔵編『建国大学年表』昭和五十六年　建国大学同窓会建大史編纂委員会　非売品
建国大学同窓会『歓喜嶺　遙か』（上）（下）平成三年

建国大学『建国大学塾雑誌』建国創刊号　康徳七年八月（一九四〇年）非売品
建国大学同窓会『寫眞集建国大学』昭和六十一年　非売品
満洲帝国政府編『満洲建国十年史』滝川政次郎解題　衛藤瀋吉補註　昭和四十四年　原書房
満洲国史編纂刊行会『満洲国史　総論』昭和四十五年　㈶満蒙同胞援護会
満洲国史編纂刊行会『満洲国史　各論』昭和四十六年　㈶満蒙同胞援護会
作田荘一『自然経済と意志経済』昭和四年　弘文堂書房
作田荘一『国家論』昭和十五年　弘文堂書房
作田荘一『道の言葉』全六巻　昭和四十二年三月三十一日　道の言葉刊行会　非売品
作田荘一『修身道徳』康徳八年　建国大学協和会分会出版部
中村菊男『満州事変』昭和四十年　日本教文社
中村勝範編『満州事変の衝撃』一九九六年　勁草書房
伊東六十次郎『満洲問題の歴史』（上・下）一九八三年　原書房
矢野仁一『満洲国歴史』昭和八年　目黒書店
宮沢恵理子『建国大学と民族協和』平成九年　風間書房
山根幸夫『建国大学の研究――本帝国主義の一断面』二〇〇三年　汲古書院
山本有造編『「満洲国」の研究』一九九三年　京都大学人文科学研究所

大同学院史編纂委員会　『碧空緑野三千里』　昭和四十七年　大同学院同窓会　非売品
角田順編　『石原莞爾資料・増補版　国防論策編』　一九九四年　原書房
石原莞爾　『世界最終戦論』　昭和十七年　新正堂
石原莞爾　『満洲建国と支那事変』　昭和十五年　東亜聯盟協会関西事務所
辻政信　『亜細亜の共感』　昭和二十五年　亜東書房
本庄繁　『本庄日記』　二〇〇五年　原書房
林政春　『満州事変の関東軍司令官本庄繁』　昭和五十二年　大湊書房
板垣征四郎刊行会編　『秘録　板垣征四郎』　昭和四十七年　芙蓉書房
三品隆以　『我観　石原莞爾』　昭和五十九年　三品隆以著作刊行会
片倉衷　『回想の満洲国』　一九七八年　経済往来社
片倉衷　『戦陣随録――満州事変から太平洋戦争へ』　昭和四十七年　経済往来社
横山臣平　『秘録　石原莞爾』　昭和四十六年　芙蓉書房
藤本治毅　『石原莞爾』　昭和三十九年　時事通信社
白土菊枝　『将軍石原莞爾その人と信仰に触れて』　平成四年　「将軍石原莞爾」刊行会
山口重次　『悲劇の将軍――石原莞爾』　昭和二十七年　世界社
高木清壽　『東亜の父　石原莞爾』　昭和二十九年　錦文書院

成澤米三『人間　石原莞爾』昭和五十二年　経済往来社
青江舜二郎『石原莞爾』昭和四十八年　読売新聞社
花輪莞爾『石原莞爾独走す──昭和維新とは何だったのか』二〇〇〇年　新潮社
早瀬利之『石原莞爾──満洲備忘ノート』二〇〇四年　光人社
佐治芳彦『天才戦略家の肖像　石原莞爾』二〇〇一年　経済界
阿部博行『石原莞爾──生涯とその時代』（上）（下）二〇〇五年　法政大学出版局
楳本捨三『東條英機とその時代』昭和四十三年　宮川書房
登張竹風遺稿・追想集刊行会『登張竹風遺稿追想集』一九六五年　郁文堂
中山優選集刊行委員会『中山優選集』昭和四十七年　非売品
村上和夫『歌集　満洲からの旅路』二〇〇二年　学伸社
森崎湊『遺書』昭和四十六年　図書出版社
松本健一『昭和に死す──森崎湊と小沢開作』昭和六十三年　新潮社
石田達系雄『満洲建国物語』昭和五十三年　大湊書房
山田昌治『興亡の嵐─満州建国大学の崩壊の手記─』昭和五十五年　かんき出版
水口春喜『大いなる幻影──満洲建国大学』一九九八年　光陽出版社
河田宏『満洲建国大学物語──時代を引き受けようとした若者たち』二〇〇二年　原書房

小林金三『白塔——満洲国建国大学』二〇〇二年　新人物往来社
星野直樹『見果てぬ夢——満州国外史』昭和三十八年　ダイヤモンド社
古海忠之『忘れ得ぬ満洲国』一九七八年　経済往来社
武藤富夫『私と満洲国』一九八八年　文藝春秋
建国大学同窓会『回想建国大学——中国学生の手記』二〇〇六年
李水清・満系台湾一期『東北八年回顧録』二〇〇七年　建国大学同窓会
斉木道吉・蒙系二期『苦楽人生』（訳）藤森孝一・二期・名川勝之助（二〇一〇年）　建国大学同窓会
聶長林・満系四期『幻の学園建国大学——一中国人学生の証言』岩崎宏四期　日文校訂　平成九年　楊柳別冊
囁長林『続　幻の学園建国大学』抗日曲折行　建大を出てから　岩崎宏　日文校訂　二〇〇〇年　学伸社
建国大学各期会誌

〈著者紹介〉

源 元一郎(みなもと げんいちろう)

昭和９年（1934年）生まれ。
奇しくもこの年、満洲帝国建国（康徳元年)。父に従って満洲に渡る。
少年時代、白系ロシア人、満族、漢族、蒙古族とともに暮らす。
昭和20年（1945年)、日本の敗戦により斉斉哈爾《チチハル》に避難し、
昭和21年10月８日、胡盧《コロ》島を経て、九州・博多に上陸、帰国する。
博物館学芸員の資格を、佛教大学で取得する。
中国、明代・清代の書、畫を研究。

著書：
『赤い夕陽よ』(2003年 鳥影社)
『荀 彧』(2014年 鳥影社)
『昭和20年８月17日（康徳12年、1945年）民族協和・扎蘭屯』(2015年 鳥影社)
『ロシア旧教徒の村ロマノフカ』(2017年 鳥影社)

五族協和の魁《さきがけ》

満洲国立建国大学

定価(本体1800円+税)

乱丁・落丁はお取り替えします。

2021年3月28日初版第1刷印刷
2021年4月10日初版第1刷発行
著　者　源元一郎
発行者　百瀬精一
発行所　鳥影社 (www.choeisha.com)
〒160-0023 東京都新宿区西新宿3-5-12トーカン新宿7F
電話 03-5948-6470, FAX 03-5948-6471
〒392-0012 長野県諏訪市四賀229-1(本社・編集室)
電話 0266-53-2903，FAX 0266-58-6771
印刷・製本　モリモト印刷

ISBN978-4-86265-867-8 C0020